KB275444

투자,
전쟁에 묻다

투자, 전쟁에 묻다

초판 1쇄 발행   2015년 2월 20일

지 은 이   김도현
펴 낸 이   변선욱
펴 낸 곳   왕의서재
마 케 팅   변창욱
디 자 인   승디자인

출판등록   2008년 7월 25일 제313-2008-120호
주   소   서울 서대문구 서소문로 45, 1507호(합동, SK리쳄블)
전   화   02-3142-8004
팩   스   02-3142-8011
이 메 일   latentman75@gmail.com
블 로 그   blog.naver.com/kinglib

ISBN 978-89-93949-71-1   13320

책값은 표지 뒤쪽에 있습니다.
파본은 구입하신 서점에서 교환해드립니다.

투자, 전쟁에 묻다

| 김도현 지음 |

인간이 수렵생활을 청산하고 농경생활을 시작한 이후로, 가장 오랫동안 해온 일 두 가지를 들어보란다면 필자는 서슴지 않고 '전쟁'과 '투자'라고 답할 것이다. 전쟁이야 그렇다 치고, '석기시대에 주식시장도 없었을 텐데, 웬 투자?'냐고 반문하는 독자들도 있을 수 있다. 그러나 '농사'라는 활동도 하나의 훌륭한 투자활동임은 분명하다. 당장 소비해버릴 수도 있는 '종자'를 땅에 심고 열심히 키워 미래에 상당히 큰 대가를 획득하려는 활동이기 때문이다. 사실 '농사'와 '투자'가 같은 개념이기에, 우리는 지금도 맨 처음 투자하는 원금을 '종잣돈(Seed Money)'이라고 부른다.

역사는 끊임없는 '전쟁과 투자의 반복'이었다고 해도 과언이 아니다. 역사에 깊은 뿌리를 내리고 있다는 점 이외에 투자와 전쟁은 세 가지 중요한 공통점이 있다. 필수적인 리스크 부담, 불완전한 정보에 근거한 의사결정, 마지막으로 비이성적 감정 개입 등이 바로 그것이다.

이 책을 읽는 독자들은 모두 '살려 하는 자는 죽을 것이요, 죽으려

하는 자는 살 것이다.'라는 이순신 장군의 명언을 잘 알고 있으리라 믿는다. 그렇다. 전쟁은 '죽음'이라는 엄청난 리스크를 수반한다. 하나 그 리스크를 두려워하여, 과감하게 행동하지 못한다면 전쟁에서 이길 방법 자체가 없어지게 된다. 투자에서도 마찬가지다. '또박또박' 금리가 쌓이는 은행예금이 아닌 이상 어느 자산에 투자하든 '투자 위험'을 감수해야 한다. 즉, 리스크를 감수하지 않고 수익을 낸다는 이야기는 결사의 각오를 하지 않고도 전쟁에서 이길 수 있다는 말과 마찬가지라고 보면 된다. 둘 다 입에 침도 바르지 않은 새빨간 거짓말일 뿐이다.

전쟁과 투자가 가진 또 하나의 공통점은 바로 '극히 유동적인 상황에서 매우 불완전한 정보를 근거로 누구도 알 수 없는 미래의 결과에 대해 내리는 의사결정'에 있다. 두 활동 모두 한 발 앞에 무엇이 있는지 모르는 상황에서 미래의 결과를 예상하며 의사결정을 내려야 한다는 한계가 존재한다. 그렇다고 현재 손안에 쥐어진 정보가 신뢰할 수 있을 만큼 정확한 정보냐 하면 그것도 아니다. 그저 특별한 다른 대안이 없기에 옳은 정보라고 가정하고 의사결정을 할 뿐이다.

예를 들어, 한창 격전이 진행 중인 전쟁터에서 지휘관에게 들어오는 정보는 불완전할 수밖에 없고, 또한 아군을 기만하려고 적이 일부러 흘린 역정보들이 포함됐을 가능성도 무척 높다. 주식시장도 마찬가지다. 예측 불가능한 시장환경에서 투자자들이 접하는 정보들이란 대부분 막연한 추정이거나 과거 패턴이 이번에도 반복될 것이라는 근거 희박한 믿음들이 대부분이다. 사실, 주식시장에서 최고 전문가라는 사람들도 당장 투자자 앞에 펼쳐질 세상이 어떤 모습인지에 대해서 '장님 코끼리 만지기' 이상의 예측은 하지 못하고 있다. 그렇다고 전쟁터의 지휘관이나, 주식시장의 투자자들이나 모두 정보가 불완전하다는 이유로 손 놓고 사태를 수수방관할 여유는 없다.

투자의 수익 여부와 전쟁의 승패가 공통으로 가지는 세 번째 속성은 바로 비이성적인 감정의 개입이다. 여기서 말하는 '비이성적인 감정'은 의사결정자가 현실을 제대로 인식하고 최적의 판단을 내리는 데 방해요소가 되는 '후회', '만용', '욕심', '자존심' 등 모든 감정을 의미한다. 아무리 좋은 원칙을 세워 놨다 해도, 사람이 하는 일은 결국 감정이 개입될 수밖에 없다. 특히 목숨이 왔다 갔다 하는 전쟁터에서나 초 단위로 투자수익이 움직이는 주식시장에서는 감정의 개입 없이 원칙에 입각한 투자 의사결정을 내리기란 절대 쉽지 않다. 하지만 전쟁터에서 공포에 사로잡혀 내린 의사결정이 좋은 결과를 가져올 수 없듯이, 주식시장에서 욕심을 근거로 한 의사결정이 좋은 수익을 가져올 확률은 절대 높지 않다.

이 책은 '전쟁과 투자'에 대한 이야기이다. 다른 표현으로는 '리스크 관리, 정보 활용, 그리고 감정을 다스리는 방법'이라고 할 수도 있겠다. 책을 잠깐만 읽어 보면 알겠지만, 이야기 전반부는 제2차 세계대전 중 발생한 실제 전투에 대한 당시 상황과 평가이고, 후반부는 전사에서 얻은 교훈을 투자에 어떻게 적용할 수 있는가에 대한 필자의 고민이 담겨있다.

처음 일곱 개의 장(章)은 개인투자자들이 투자에서 실패하는 주요 원인을 2차 세계대전에서의 실패 사례들과 비교해 설명하고 있다. 반대로 후반부의 일곱 개 장은 2차 세계대전 중 중요한 성공사례들과 함께 개인투자자들이 주식시장에서 장기간 살아남아 투자할 수 있는 원칙들에 대한 필자의 의견을 실었다. 결국, 필자가 이 책을 쓴 목적은 개인투자자들이 반드시 피해야 하는 각종 실수를 지적하고, 그런 실수들을 극복하는 대안을 제시함으로써 장기간 주식시장에서 '생존'하는 방법을 함께 찾아보는 데 있다.

투자의 대가 워런 버핏은 항상 '주식시장에서 성공하기 위해서는 오래 남아 장기투자를 해야 한다'고 말한다. 이 말을 전쟁의 관점으로 다시 쓴다면 '전쟁에서 승리하려면 적보다 오래 살아남아 싸울 수 있어야 한다'고 표현할 수 있다. 대부분 병사들은 죽어서 훈장을 받는 영웅보다는 살아남아서 다음 날 아침을 먹는 평범한 병사가 되기를 원한다. 필자가 이 책을 쓴 목적도 마찬가지다. 대박을 꿈꾸며 투기적으로 매매에 집착하다 속칭 깡통을 차는 투자자보다는 평범하더라도 길게 살아남아 투자하는 것이 더 현명하다는 필자의 변치 않는 믿음을 증명하려는 것이다. '하룻밤에 정복하는 주식투자 전략의 비결'이나 '500만 원으로 10억 만드는 법' 유의 자극적인 책이 독지들에게 외면받는 까닭도 필자가 주장하는 맥락의 연장으로 이해하고 싶다.

주로 주식시장을 처음 접하는 사람들, 혹은 주식투자 경력은 상당하나 그간 투자 방법이 주먹구구식이었고 제법 손실 폭도 있는 투자자들에게는 이 책을 한 번 숙독해 볼 것을 강력히 권한다.

'이것만 알아도 100퍼센트 수익이 더 난다'고 할 특별한 기법은 담

머리말

겨 있지 않으나, 누구나 한번은 생각해 볼 수 있는 평범한 원칙들을 쉽게 이해할 수 있도록 예를 담아보려고 했다. 가령 '적을 알고 나를 알면 백전백승이다.'는 병법의 원칙을 모르는 사람은 없다. 하지만 실제 전사들을 들여다보면, '나를 알기는커녕 자신이 최고라고 생각하는' 리더, 혹은 '적을 알지 못하고 알려고 하지고 않고 막무가내로 전쟁에 임한' 리더들 사례를 무수히 발견한다. 투자의 세계에서도 누구나 '기업의 내용을 철저히 조사하고 전문가와 상담해서 적절한 경기 사이클을 골라 투자하라'는 이야기를 매우 쉽게 할 수 있다. 하나 실제 개인투자자 대부분이 이렇게 투자하느냐 하면 그렇지도 않다. 이 책을 읽으며, 과연 누구나 알고 있는 평범한 투자의 원칙들을 얼마나 충실하게 따르려 했는지 생각해 본다면 주식시장에서 개인투자자들의 투자 수익이 저조했던 원인을 이해할 수 있으리라 믿는다.

이 책을 읽어 보았으면 하는 사람들이 주식시장에서 오랜 경험을 가진 '빠꼼이' 독자들이 아니기에 최대한 쉽게 풀어 주식시장과 투자원칙을 설명하려 했다. 굳이 다른 예들도 많을 텐데 2차 세계대전의 예들을 고집한 이유도 우리나라의 국민에게 가장 친숙한 전쟁사일 것이라고 나름 판단했기 때문이다. 다시 한번 강조하지만, 이 책은 '반드시 수익을 내는 엄청난 투자기법'을 말하지 않는다. 주식투자에 경험이 많지 않은 사람들, 그간 원칙 없이 투자해 온 이유로 투자 수익이 좋지 않은 사람들이 단 한 구절이라도 공감하며 고개를 끄떡여 줄 수 있다면 만족할 뿐이다.

마지막으로 이 책을 쓰는 과정에서 필자에게 큰 도움을 주신 모든 분들께 감사의 마음을 전한다. 무엇보다 십여 년 전, 나름 시황 몇 개를 주요 일간지에 실었다고 우쭐해 있던 못난 대리 한 명을, 따끔한 가르침과 배려로 한 권의 책을 쓸 수 있는 정도까지 육성해 주신 삼성증권의 정영완 상무님께 깊은 감사의 말씀을 올린다. 또 미안하고 고마워해야 하는 사람들을 거론하면서 필자의 가족을 빼놓을 수 없다. 졸지에 긴 시간 동안 가장을 빼앗겨 버리는 신세가 됐으니 가족들의 불편과 불만이 이만저만 아니었을 것이다. 그 모든 것을 오직 가슴에만 담아둔 채 참고 견디어 준 아내와 가족들에게 무한한 사랑과 감사의 마음을 전한다.

준비된 실탄은 위기에서 써야 제맛

가장 어두웠던 시기가 가장 큰 기회였다

1939년 9월, 독일의 폴란드 침공으로 시작된 제2차 세계대전은 1945년 8월, 원자폭탄을 두 방이나 얻어맞고서야 정신을 차린 일본이 무조건 항복을 할 때까지 무려 6년여간 지속한 인류 최대의 참극이다. 전쟁에 대해 논하는 자리에서, '돈'이라는 주제를 꺼내기가 참 민망하지만, 어떻게 하겠는가? 수천만 명이 죽어가는 전쟁이라는 비극을 나름 잘 활용해서 '한 몫' 단단히 챙기는 인간들은 항상 존재해 왔으니 말이다.

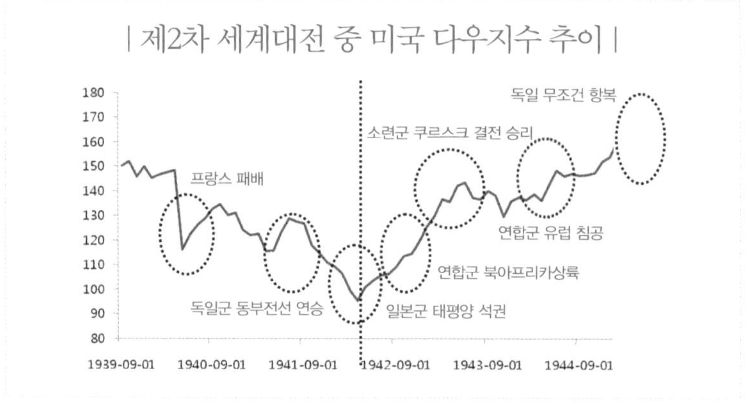

위 차트는 제2차 세계대전 중 발생한 주요 이벤트들과 미국 다우지수의 추이를 비교하고 있다. 우선, 독일을 중심으로 일본, 이탈리아가 뭉친 주축군이 연합군으로부터 일방적인 승리를 이끌어 내던 전쟁 초기의 주가 흐름이 매우 좋지 않았음이 눈에 띈다. 주가지수를 봐도 전쟁 발발 시 150포인트에서 등락을 보이던 다우지수는 태평양에 남아 있던 연합군의 마지막 교두보였던 필리핀이 함락되던 1942년 4월에는 95포인트까지 하락했다.

이렇듯 뉴욕주식시장이 연합군의 연이은 패배에 대해 대단히 부정적으로 반응한 데는 그만한 충분한 이유가 있다. 무엇보다 미국에서 생산한 각종 전쟁물자를 아낌없이 사 주었던 영국과 프랑스가 전쟁에서 패배하게 되면 전쟁으로 인한 특수가 사라진다는 두려움이 주식지수에 큰 작용을 했던 것으로 보인다. 여기에 기존에 제공된 막대한 차관을 받아낼 방법이 없어지게 된다는 점까지 고려한다면 연합군의 참패가 미국 경제와 기업의 이익에 미칠 잠재적인 영향은 생각 이상으로 컸다고 할 수 있다. 예를 들어, 프랑스가 나름 건재하던 1940년 4월 다우지수는 148포인트였다. 그러나 프랑스가 '한 방'에 나가떨어졌던 1940년 5월 말 다우지수는 116포인트까지 내려갔다

반대로, 연합군의 승리, 특히 독일을 상대로 한 승리에 대해 뉴욕주식시장이 열광할 수 있는 이유 또한 충분했다. 먼저 제1차 세계대전 때도 미국의 참전으로 연합군이 승리한 이후 대공황 직전까지 주식시장이 상당한 호황이었다는 사실을 투자자들은 잘 기억하고 있었다.

머리말에 붙여 준비된 실탄은 위기에서 써야 제맛

또한, 주축국의 희망과는 반대로 전쟁이 조기에 종결되지 않고 소모전으로 접어든다면 각종 군수품에 대한 수요가 상상을 초월할 정도로 커지게 된다는 점도 좋은 호재로 작용했을 것이다.

그럼, 제2차 세계대전 중 주식투자에 가장 적절했던 절호의 시기는 언제였는가에 대한 대답도 자연스럽게 나올 수 있을 것이다. 그렇다. 매우 역설적이지만, 2차 대전 중 주식투자를 시작해야 했던 시기는 연합군 처지에서 가장 어두운 시기였던 1942년 상반기였다. 태평양 전선에서는 일본군이 싱가포르와 필리핀을 연이어 휩쓸며 의기양양하던 시기였고, 대서양에서는 독일군 잠수함대의 활약으로 영국에 고립될 위기에 처했던 바로 그때가 주식투자를 시작할 좋은 기회였다.

연합군이 미드웨이 해전으로 일본 해군의 주력항공모함 4척을 격파하고 태평양의 주도권을 획득하기 시작했던 때가 1942년 6월이었다. 사실, 일본의 공업생산력을 고려할 때 주력 중에서도 주력인 대형항공모함을 4척이나 상실했다면 그 손실을 단기간에 메우기는 사실상 불가능하다. 미드웨이 해전이 미 해군의 승리로 종결지어진 1942년 6월 말 이후 종전까지 다우지수는 70퍼센트나 상승한다.

또 스탈린그라드 전투가 소련군의 대승으로 끝나는 결과를 확인하고 주식투자에 나섰다면 장기적인 성과는 물론이고, 단기적인 성과 또한 매우 '짭짤'했을 것이다. 독일군이 금방이라도 코카서스 유전지대를 포함한 소련 남부를 석권할 것처럼 보였던 1942년 가을 다우지수는 100포인트 부근에서 크게 벗어나지 않았다. 그러나 스탈린그라드에서 포위되었던 독일 제6군이 항복한 1943년 봄, 다우지수는 130포인트까지 상승한다.

　조금만 깊게 생각해 보면 1943년 이후 주축군이 전쟁에서 승리하기 어렵다는 사실은 빠르게 기정사실로 되고 있었다. 주축군의 일원이라고 말하기에는 너무 약체였던 이탈리아는 빈사상태를 넘나들고 있었고, 독일도 주체할 수 없을 정도로 넓어진 전선을 제대로 유지할 만한 능력이 없었다는 점이 너무나 명확했기 때문이다.
　반면, 연합군은 막대한 산업생산능력과 인적자원을 보유한 미국의 참전 덕에 장기적으로 이어지는 소모전에서 절대적으로 유리한 위치를 굳혀나가고 있었다. 예를 들어, 드디어 기다리던 연합군의 유럽침공이 시작된 1944년 6월에 주식을 샀더라도 단기적인 수익이 상당했을 것이다. 1944년 6월 말~1945년 8월 말까지 다우지수는 17퍼센트나 상승했으니 말이다.

아껴 놓은 현금은
위기에 투자하라

　자, 다음과 같은 상황이 발생했다고 가정해 보자. 당신이 사는 나라의 금융당국이 은행부도를 막기 위해 예금 인출을 막아버렸다. 소중한 연금들이 구멍 난 재정적자를 충당하는 데 동원되자 정부의 정책에 항의하는 시위가 폭동으로 변해 사망자까지 발생했다. 주식시장은 폭락을 견디다 못해 거래가 정지되고 국채마저 지급이 중단된다. 일련의 사태에 책임을 지고 대통령이 사임한. 이 정도면 당신이 보유한 주식과 채권을 모두 팔아버리고 그나마 원금이라도 보장된다 하는 은행예금에 전 재산을 털어 넣을 충분한 이유가 되지 않을까?

　위의 예는 실제 2001년 말부터 2002년 사이 아르헨티나가 경험한 외환위기 과정에서 실제로 발생한 일이다. 그러나 만일 그때, 예를 들어 2002년 2월 1일 아르헨티나 주식을 전액 매도한 투자자가 있다면 지금 그는 자기 자신의 사주팔자를 탓하고 있을 게 분명하다. 2002년 2월부터 2008년 2월까지 6년 동안 MSCI 아르헨티나 지수의 연평균 수익률은 23퍼센트에 달했기 때문이다.

굳이 머나먼 아르헨티나를 생각할 이유도 없다. 우리나라 코스피시장의 움직임만 보더라도 '언제 주식을 사들여야 하는가'란 질문에 대한 대답은 너무나 명확하다. 외환위기가 발생하여 국가부도가 기정사실로 되는 것처럼 보였던 1997년 11월 코스피지수는 407포인트를 기록한다. 그로부터 불과 2년이 흐른 1999년 11월 코스피지수는 999.66포인트까지 상승하고 있다.

불과 6년 전인 2008년에 발생했던 글로벌 금융위기를 생각해 보자. 당시 각 언론은 '제2의 경제 대공황'을 비롯해 온갖 선동적 이구를 들이대며 위기 확대 가능성을 열심히 퍼트렸다. 하지만 당시 6,500포인트까지 하락했던 다우지수는 지금 17,000포인트를 돌파하고 있다. 2009년 3월부터 2014년 11월까지 2.6배 상승했으니, 연평균 18퍼센트 수익을 낸 셈이다. 글로벌 금융위기 이후 미국 중앙은행의 저금리 정책으로 미국의 단기금리가 0퍼센트 수준이었다는 점

머리말에 붙여 준비된 실탄은 위기에서 써야 제맛

을 고려한다면 매우 높은 수익률이 아닐 수 없다.

그리고 이런 좋은 기회를 워런 버핏과 같은 투자의 귀재들이 그냥 보낼 리가 없었다. 2008년 미국의 금융위기가 한창 진행되던 시점에서, 그는 '좋은 기업에 투자할 수 있는 시기는 이런 때다.'라고 주장하여 잠시 시장의 주목을 받은 일이 있다. 물론, 경험 많은 투자자의 현명한 조언은 월가로부터 쏟아져 나오는 비관론에 묻혀 당시에는 큰 반향을 불러오지는 못했지만 말이다.

그로부터 5년이 지난 2013년 워런 버핏의 투자회사인 버크셔 해서웨이는 글로벌 금융위기 시 투자했던 기업들로부터 100억 달러에 달하는 거금을 벌어들이고 있다. 투자했던 대상들도 General Electric, Bank of America, Mars 등 우량기업들이다. 예컨대 버크셔 해서웨이는 2008년 금융위기가 한창이던 시절 General Electric에 30억 달러를 투자했으며, 2013년까지 이 투자를 통해 벌어들인 수익은 최소한 12억 달러에 이른다고 한다.

워런 버핏은 '다른 모든 투자자가 욕심을 부릴 때, 공포감을 느낄 수 있어야 하고, 다른 모든 투자자가 공포감을 느낄 때, 욕심을 부릴 수 있어야 한다.'는 명언을 남긴 바 있다. 생각해 보면 살아오는 과정에서 '지금이라도 늦지 않았으니 주식이고 부동산이고 다 팔아야 한다'는 말은 우리는 여러 번 들어왔다. 1998년 외환위기 때도 그랬고 2008년 글로벌 금융위기 때도 그랬다. 그리고 신기하게도 궁극적인 결과는 항상 그 반대였다. 보통 사람들이 한때의 공포감을 이기지 못

투자, 전쟁에 묻다

하고 주식과 부동산을 팔아 댈 때가 언제나 사실은 투자해야 하는 가장 최적의 시기였으니 말이다.

'위기를 기회로 생각하고 과감히 투자하라!' 입으로 말하기는 쉽다. 그러나 아침부터 '꼬리를 무는 위기' '금융시장 대 폭락' 등 무시무시한 어구들이 각종 매체의 1면을 장식하는 환경에서 선뜻 소중한 종잣돈을 과감하게 투자하는 의사결정을 내리기는 절대 쉽지 않다. 투자를 통해 남보다 좋은 성과를 올리기 위해서는 과감히 앞서 나가는 용기가 필요한 이유가 여기에 있다. 상식적으로 모든 사람이 공포감을 느낄 정도로 금융시장의 상황이 어렵지 않다면 자산가격이 정상적인 수준보다 하락할 이유가 전혀 없지 않을까? 간혹 '큰 리스크 부담 없이 고수익이 기대되는 금융상품'이라는 말이 눈에 띄기도 하는데, 입에 침도 바르지 않은 거짓말이라고 생각하면 된다.

뒤에서도 설명하겠으나 어차피, 좋은 투자성과가 기대되는 좋은 기업의 가치는, 위기를 극복해 가는 과정에서 더욱 드러나기 마련이다. '가치가 좋은 기업의 가격이 크게 하락할 때 매수하여 시장에서 제 가격을 받을 때까지 보유한다'는 아주 간단한 원칙을 실행하기 가장 좋은 시기야말로, 바로 모든 언론에서 '경제위기'를 떠들어 내는 바로 그때이다. 결국 '높은 수익률'의 가장 중요한 근원은 '높은 리스크'이다. 중요한 이슈는 그 리스크가 궁극적으로는 해결될 수밖에 없다는 점을 확신하는 식견과 과감하게 리스크를 선택하는 용기라 할 수 있을 것이다.

머리말에 붙여 **준비된 실탄은 위기에서 써야 제맛**

차례

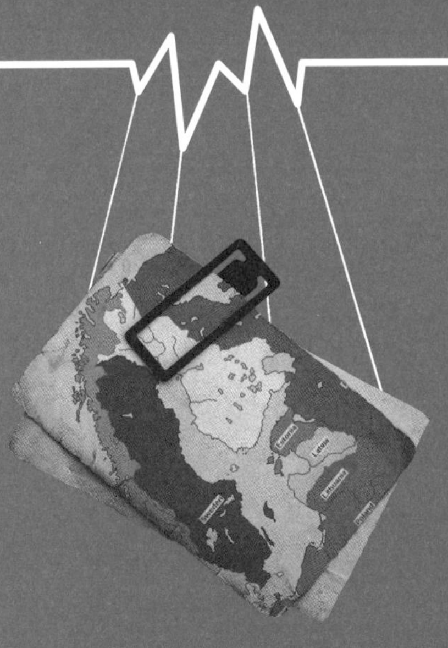

Chapter 1

준비되지 않은 자의 부모함

| 핀란드와 소련의 겨울 전쟁 |

• 왜 개인투자자들 대부분은 실패하는가 •

비상식, 오만,
그리고
무책임으로 가득했던 침략

1939년 11월 30일,

전 세계에서 가장 큰 영토를 가진 소련은 북유럽의 신생독립국에 불과한 핀란드를 침공하는 파렴치한 행동을 저지르고 만다. 기댈 곳 없던 핀란드는 당시 국제기구였던 League of Nation의 개입을 요청했지만, 이 불법적 침공에 대해 국제연맹이 할 수 있는 조치는 아무것도 없었다. 생각해 보라. 전 세계에서 가장 큰 영토를 보유한 초강대국이 일방적으로 이웃 약소국을 한번 손봐줘야겠다고 작심했다. 그 결과는 너무나 뻔하지 않겠는가?

그러나 역사에서 '겨울전쟁'이라고 불리는 이 전쟁의 결과는 당시 국제사회의 예상과는 너무나도 달랐다. 애초 2주일 이상 이어지지 않으리라고 예상한 전쟁이 해를 넘겨 1940년 3월까지 이어졌고, 자료에 따라서는 다르나 30만 명~40만 명에 달하는 소련군 사상자가 발생했기 때문이다. 표면적으로 보면, 모든 측면에서 압도적인 우위를 점하고 있고, 거의 무한하다고 할 수 있는 예비병력을 보유했던 소련군이 작디작은 약소국가의 민병대 수준의 군대에 이토록 고전한 이유는 무엇일까?

우선, 침공 시기 자체가 너무 비상식적이었다. 핀란드는 북극에 인접한 국가로 당연히 겨울이 무척 일찍 찾아온다. 더욱이 '숲과 호수의 나라'라는 별명에서도 알 수 있듯이, 수십 만에 달하는 대규모 부대가 기동할 만한 공간이 없음은 물론이고 제대로 된 도로망조차 없었던 나라가 핀란드이다. 좁은 도로에 눈이라도 한번 내리면 소련의 염치없는 침략자들은 오도 가도 못하고 엄동설한의 숲길에 갇히는 꼴이 되는 것이다. 서서히 눈과 얼음으로 교통로는 차단되고 전방 병력에 제대로 보급을 추진하기도 곤란해지면, 침략군 머리 숫자는 오히려 부담으로 작용하게 된다. 방어자로서는 교통 요충지 몇 개만 잘 선정해서 확실히 틀어쥐고 있으면 만사형통인 것이다. 그리고 실제 소련군의 사상자가 예상을 훨씬 뛰어넘었던 이유도 여기에 있었다.

두 번째로는 매우 부실했던 사전 준비를 이야기할 수밖에 없다. 동토의 나라를 겨울에 침략하면서 동계 장구는커녕 병사들에게 지급할 설상(雪上) 피복조차 제대로 준비하지 않았으니 말이다. 병사들 피복뿐만이 아닌 차량, 기갑, 포병 등 거의 전 부분에서 소련군의 전쟁 준비는 매우 부실했으며, 여기에 대한 대가는 운 나쁜 소련병사들이 목숨으로 지불해야 했다.

핀란드의 겨울에 대한 준비가 얼마나 부실했느냐 하면, 소련병사들은 단순히 얼어 죽지 않으려고 밤마다 모닥불을 피우지 않을 수 없는 정도였다. 당연히 그 모닥불은 핀란드군 저격수들의 좋은 표적이 됐지만, 영하 수십 도 추위 속에서 하룻밤을 살아남아야 할 소련군 병사에게 다른 대안은 없었던 것이다.

세 번째로는 형편없었던 소련 장교들 수준이었다. 소련의 전 사회는 핀란드를 침공하기 전이었던 1934년~1939년 동안 이른바 스탈린식 '대숙청'을 경험한다. 붉은군대 또한 이 대숙청의 칼날을 피해갈 수 없었고, 결과적으로 1차 세계대전의 전투경험이 있는 유능한 지휘관들은 대규모 숙청당했다.

문제는 대숙청 이후 새로 부임해온 지휘관들이 명령에 없는 행동을 하면 언제라도 '총살대'서 사라질 수 있다는 사실을 잘 알았다는 것이다. 전투 경험보다는 정치적인 판단으로 자리를 차지한 소련군 고급장교들은 그저 '명령서에 적힌 대로 움직이는 '좀비' 그 이상도 이하도 아니었다.

그러나 국제사회의 버림을 받은 핀란드로선 압도적인 물량에 대항해 전쟁을 계속할 힘이 없었다. 용감무쌍했던 핀란드인은 실탄이 바닥을 드러내자, 굴욕의 눈물을 삼키며 모스크바에 마련된 협상테이블에 모습을 드러냈다. 그리고 결국 소련은 원하는 전부는 아니나 전체 핀란드 영토의 10퍼센트를 얻는다. 하지만 이 결과가 소련군 지도부의 어리석음, 오만, 그리고 무책임함을 감추지는 못했다. 당시 소련군 민 낯을 보고, 히틀러는 소련 침공에 더욱 큰 자신감을 가지게 되었다니 말이다.

왜 개인투자자들 대부분은 실패하는가

위 사례에서 소련군이 실패했던 이유를 투자의 관점에서 정리해 보면 다음과 같이 이야기할 수 있다.

1. 투자에서도 시기가 중요하다. 그 시기를 제대로 잡지 못하면 실패할 수밖에 없다.
2. 투자 대상을 철저히 연구하고 준비하지 않는 투자 역시 실패할 수밖

투자, 전쟁에 묻다

에 없다.

3. 잘 모르는 사람, 엉뚱한 사람 말을 믿고 시키는 대로 행동한다면 언
   젠가는 큰 실패를 맛보게 된다.

그리고 실제로 이 세 가지 이유가 바로 개인투자자들이 실패하는
가장 중요한 이유이기도 하다.

말 많은 2차 세계대전

겨울전쟁이 끝난 후 한 소련군 장교는 '몇 개월을 힘들게 싸워 겨우 전사
자들 묻을 크기의 땅덩어리를 차지했군'이라며 빈정거렸다고 한다. 이 소
문이 사실이라면 그 장교는 상당히 운이 좋은 사람이라고밖에 할 수 없다.
당시 소련 분위기로 봐서 이 말이 스탈린의 귀에 들어갔다면 당연히 총살
감이었을 테니 말이다.

경기 사이클과 투자 시기

바닷가 파도를 생각해 보자. 어떤 때는 치는 듯 마는 듯 매우 조용히
들락거리다가 어떤 때는 미친 야수처럼 큰 굴곡을 만들며 몰아치기
도한다. 대체 이 파도가 어디서 시작됐는지 물어보면, 누구도 정확히
답변하기는 어려울 것이다. 하지만 표면적으로 우리 눈에 보이는 파

도의 힘과 방향에는 해류, 달의 인력, 심지어 중력까지 다양한 요인들이 작용한다. 투자 세계에서도 마찬가지다. 주가는 상승하기도 하고, 박스권 안에 갇혀 지내기도 하다가, 어떤 때는 아무도 말리지 못할 속도로 상승하기도 한다. 이러한 주가의 움직임에 대해 명확히 설명할 수 있는 사람은 아무도 없다. 그러나 아무도 설명할 수 없는 주가 등락 이면에는 경기, 금리, 유동성, 심지어는 부동산 가격까지 수많은 요인이 작용하고 있다.

증권업계 전문가들은 각종 거시경제 변수들이 파도와 같이 가까이 왔다가 멀어졌다 하며 자산가격에 영향을 미치는 현상을 통틀어 '사이클'이라고 칭한다. 이를 투자의 세계에서 말하는 사계절로 정리하면 아래 그림처럼 만들어진다.

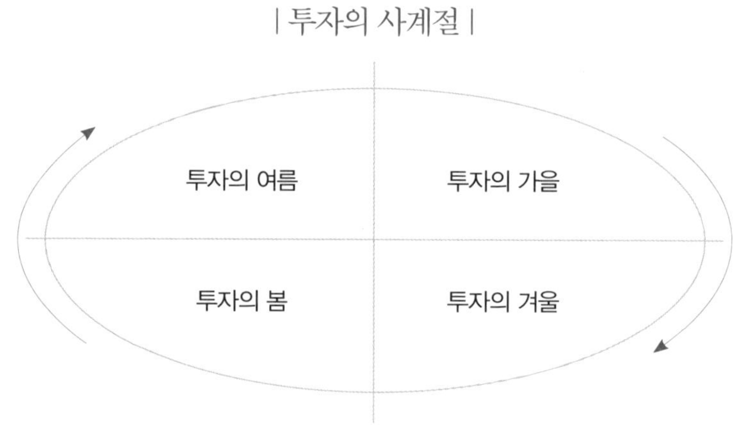

A. 투자의 봄

2009년~2011년까지 선진국시장, 혹은 2004년~2005년 우리나라 시장이 대표적인 사례일 것이다. 이 국면의 가장 큰 특징은 어떤 희생을 감수하고서라도 반드시 경기를 돌려놓겠다는 '정부의 의지'다. 2008년부터 미국이 시행했던 '양적완화 정책'을 생각해 보자. 사실, 통화를 발행할 권한을 가진 중앙은행이 각종 채권을 시장에서 직접 매입하며 돈을 풀어대는 정책을 '정상적'이라고 말하기는 대단히 힘들다. 하지만 '리먼브러더스'라는 대형금융사가 넘어간 상황에서 나중 결과는 생각해 볼 겨를이 없으니 중앙은행도 속된 말로 '일단 지르고' 볼 수밖에 없다. 투자의 관점에서 보면, 정부의 의지를 한번 믿어 볼 만한 시기가 이때라고 할 수 있다. 나중 일이야 어떻게 되든 '무조건 돈을 풀어' 경기를 부양한다는데 너무 이것저것 따지면서 주저할 이유가 없는 것이다.

B. 투자의 여름

2006년~2007년까지 전 세계적인 자산가격에 거품이 끼기 시작한 시기가 대표적인 사례다. 이 국면의 가장 큰 특징이라고 한다면 '풍부한 유동성의 투기자금화'라고 할 수 있다. 금융기관들은 앞다퉈 대출을 늘리고, 이렇게 늘어난 유동성이 대규모 투기자금으로 돌변해 각종 자산 가격을 이전에는 '상상도 못했던' 수준까지 끌어올리는 것이다. 다르게 생각할 필요도 없어 2006년~2007년 우리나라 부동산 붐을 떠올리면 대충이라도 어떤 시기인지 이해할 수 있을 것이다.

C. 투자의 가을

너무 많이 풀려나간 유동성의 부작용이 서서히 나타나는 시기다. 중앙은행도 과도한 유동성에 우려를 나타내고 금융기관들도 그제 야 정신을 차리고 서서히 풀려나간 대출 통제 방법을 고민한다. 중 앙은행의 금리 인상 가능성이 서서히 나타나면서 장기금리도 들썩 이고 기업들은 서서히 공급과잉의 우려에 직면한다. 투자의 관점 으로는 가장 기간이 짧은 구간이 이 시기다. 항상 가을은 가장 짧은 계절이 아닌가.

D. 투자의 겨울

2007년~2008년의 기간을 생각해 보면 아주 가볍게 이해할 수 있 을 것이다. 위기가 위기를 낳고 금융시장과 자산가격에 대한 정부 의 통제력은 저 멀리 우주 저편으로 날아간 지 오래다. 시장의 자금 이 일시에 안전한 자산으로 몰려들며 정부가 발생한 국채, 미국 달 러화, 어떤 경우에는 국제 금값이 급격히 상승하기도 한다. 공급 과 잉 업종은 한계기업이 되고, 가계와 기업들은 구조조정으로 살길을 모색하는 시기가 이때다.

혹시 '밀짚모자는 겨울에 사라'나 '아기 업은 아주머니마저 증권회 사 객장에 나타나면 주식을 팔아라'는 증시 격언을 들어 보았는가?

주식이든 부동산이든 투자하는 시기는 '남들이 다 견디지 못해 자산을 다 팔고 나간' 바로 그때다. 위의 사계절 사이클에 따라 생각해 보면 투자를 시작하는 시기는 '겨울에서 봄'으로 넘어가는 때라고 할 만하다. 아래와 같이 정리할 수 있다.

1. 중앙은행은 어떤 희생을 치르고라도 경기와 자산가격을 부양할 의지를 품고, 실제 행동에 옮기고 있다.
2. 은행들의 대출 태도에 서서히 변화가 생기기 시작한다.
3. 단기금리가 역사적인 저점 수준까지 하락한 가운데 장기금리가 조금씩 상승하기 시작한다.
4. 주가로 보면 순자산가치 1배도 되지 않는 종목들이 눈에 많이 띈다.

말 많은 투자전략

개인투자자들은 급속히 늘어난 유동성 덕분에 부동산시장과 증권시장이 연일 폭등하던 2007년 코스피시장에서 6조 4,400억 원을 순매수했다. 반면, 글로벌 대공황에 대한 공포가 투자심리를 좌우했던 2009년에는 코스피시장에서 1조 9,600억 원을 순매도한다. 이 정도면 충분히 '여름에 사서 겨울에 파는 투자행태'라고 할 만하다.

투자하기 전 알아야 하는 기본 상식

생면부지의 머나먼 땅으로 여행을 떠나는데, 해당 지역에 대한 관광 안내책자 하나 제대로 읽어보지 않고 '무작정 부딪치고 보는 배짱'으로 간다면 처음부터 순탄한 일정은 포기해야 한다. 마찬가지다. 생전 듣지도 보지도 못했던 기업의 주가에 상당한 금액을 투자하면서 대체 이 기업이 '어떻게 돈을 벌고 누가 경영하는 기업인지' 관심이 없다면 장기적으로 좋은 결과를 기대하기 어렵다. 그러기에 필자는 주식투자를 시작하는 모든 개인투자자에게 과감히 이렇게 권하고 싶다. "인터넷에서 주식투자 게시판을 기웃거리시기 이전에 'DART'부터 제대로 활용하는 편이 좋습니다."

투자자라면 대부분 DART, 즉 '금융감독원 전자공시 시스템'을 한 번쯤 보았을 것이다. 아직 DART를 방문해 보지 않았다면 주소는 'dart.fss.or.kr'이니 꼭 들러보길 바란다. DART를 한마디로 정의한다면 '상장된(물론 비상장된 기업에 관한 공시내용도 있지만) 기업이 대외적으로 투자자들에게 공표해야 할 의무가 있는 모든 정보가 담겨 있는 곳'이라 할 수 있다. 분기보고서, 사업보고서와 같은 정기공시로부터, 유가증권 발행과 관련된 발행공시, 대주주 등의 지분변동과 관련된 지분공시, 자사주 취득·처분 등 여러 잡다한 공시가 있는 기타공시 등 상장기업이 그간 '무슨 일을 어떻게 저지르고 다녔는지' 시시콜콜 기록해 놓은 장소가 바로 DART다.

물론, DART를 열심히 뒤진다고 해서 '내일 주가가 어떻게 될지'에 관한 정보를 주지는 않는다. 하지만 홈페이지 왼쪽 맨 위에 쓰여 있듯이 DART는 충분히 '대한민국 기업정보 창'이라 할 만하다. 특히 여기에 실린 공시는 매우 믿을 만한 내용이라는 점이 가장 큰 장점이다.(상장기업이 불성실공시, 즉 DART에 대고 거짓말을 하면 매우 엄중한 처벌을 받게 된다. 대주주가 웬만한 강심장이거나 상장폐지를 불사하거나 하지 않으면 DART에 대고 거짓말을 하지는 못한다.) 증권업계에서 '믿을 만하다'는 평가를 듣기는 진짜 쉬운 일이 아니다.

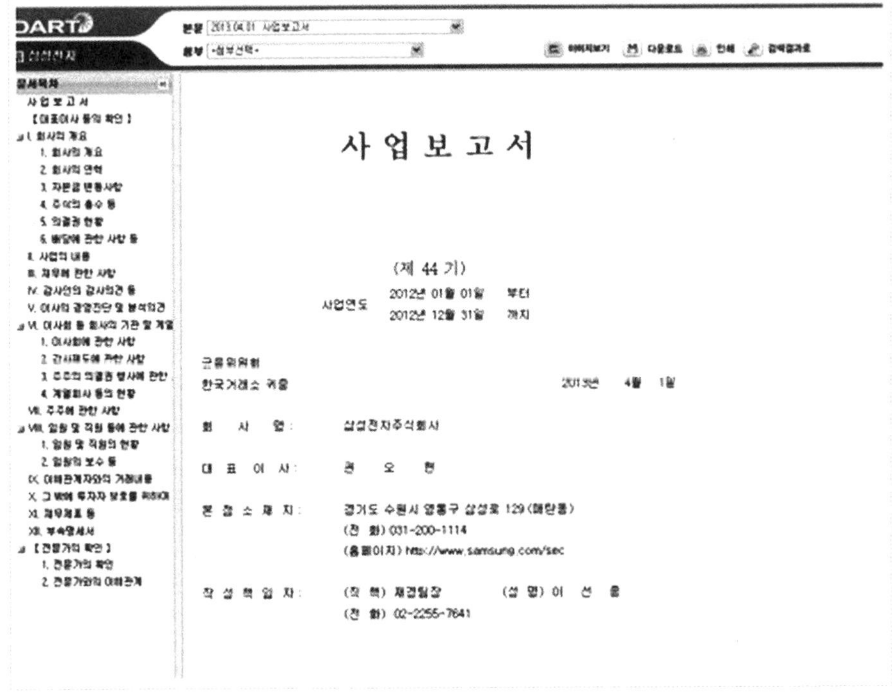

DART에서 봐야 할 내용은 많지만, 가장 기본적인 점검 사항이 바로 상장기업의 '사업보고서', 혹은 '분기보고서'이다. 사업보고서를 열어 보면 아래와 같은 내용이 눈앞에 펼쳐진다.

매우 복잡해 보이지만 조금만 익숙해지면 큰 무리 없이 기업에 관한 정보를 찾을 수 있다. 사업보고서를 통해 점검해야 할 대표적인 내용을 본다면 다음과 같다.

1. 회사의 개요와 연혁 : 특히 회사의 주인이 여러 번 바뀌었다든가 이름을 많이 바꿨다든가, 심지어 영위하고 있는 사업이 많다든가 하는 기업들은 조심해야 한다.

2. 자본금 변동사항 : 별다른 이유도 없는 유상증자, 전환사채, 신주인수권 발행 등을 통해 자본금을 많이 늘린, 즉 유통물량을 많이 늘린 기업들은 주의 대상이다.

3. 사업의 내용 : 진짜 많은 내용이 있다. 최소한 주력제품이 뭐고 매출 비중들은 어떻게 되는지 확인해 보자.

4. 주주에 관한 사항 : 주식시장에서 오랫동안 살아남은 고수들은 대부분 이렇게 이야기할 것이다. '대주주를 잘 알아야 주가를 이해한다'고. 주요 주주는 누구인지, 외국인 · 기관 중 대량으로 물량을 가진 수급주체는 있는지 점검해 보자.

5. 재무제표 : 진짜 중요한 부분이다. 그리고 실제 재무제표를 보고 자기의 관점에서 기업의 적정주가를 생각해 본다면 투자에 많은 도움이 된다. 하지만 이 자리에서 긴 이야기를 통해 설명하기는 어렵고, 이 책 독

자들도 '기업가치평가' 'EV·EBITDA' 'FCF' 같은 이야기를 펼쳐 놓으면 그냥 손을 놔 버릴 것 같다. 가장 단순하고 기본적인 체크 포인트를 만들어 본다면 다음과 같다.

A. 자산에서 부채를 뺀 순자산가치와 시가총액을 비교해 보자.
B. 영업이익 + 감가상각비 + 현금보유액으로 1년 이내에 돌아오는 유동부채를 충분히 막을 수 있는지 점검해야 한다.
C. 매출이나 영업이익은 착실히 증가하는지 당연한 점검 대상이다.

이 외 진짜 여러 부분을 점검해야 하나, 여기서는 일단 이 정도로 사업보고서에 관한 이야기를 접으려 한다. DART를 어떻게 활용해야 하는지, 어떤 정보가 담겨 있는지, 사업보고서란 무엇인고 어떤 정보를 찾아야 하는지 다 이야기하자면 몇 권의 책으로도 모자랄 방대한 양이다. 중요한 사실은 최소한 DART는 거짓말할 가능성이 크지 않다는 점이다.

반면, 인터넷에 돌아다니는 수많은 주식 관련 정보와 게시판들은 어떨까? 인터넷 주식 관련 게시판에 거짓말 썼다고 큰 저벌을 받을 가능성은 적다. 그러나 DART에 거짓말하면 대주주와 경영진들은 단단히 각오해야 한다. DART의 운용자가 누군데.

신뢰할 수 있는 사람의 말만 믿어라

진짜 중요한 이야기다. '너한테만 가르쳐줄 테니 이 주식 사 봐.'라는 말을 함부로 믿으면 큰일 날 수 있다. 투자의 세계는 냉정한 법. 그 누구도 투자의 결과에 대해서는 투자자 이외에 단 한 사람도 책임을 지지 않는다.

그렇다면 누구 말을 믿어야 할까? 필자는 '정식으로 자격증을 보유한 금융기관 직원들'의 말을 믿으라고 하고 싶다. 최소한 그들은 자본시장통합법에 따라 움직이는 사람들이고 그 사람들이 고객들에게, 혹은 외부투자자들에게 어떤 말을 하고 어떤 행동을 하는지 감시하는 인력도 따로 존재한다. 또 금융기관직원들이 규정에 위반된 투자권유를 하여 손실이 발생했을 땐 각종 절차에 따라 투자자가 구제받을 방법도 존재한다.

하지만 개인투자자들 대부분이 금융기관 직원, 이른바 자산관리자로부터 너무나 많은 것을 원한다는 게 문제다. 가령 "한 달 정도 운용할 여유자금이 있는데 올라갈 종목 하나 추천해 주세요."라든가 "한 1년 사이에 주가가 따블(두 배!!!!)로 상승할 확률이 높은 종목 몇 개만 찍어주세요." 등이다.

필자의 상식으로라면 이런 식의 요구를 충족시킬 능력을 소유한 자산관리자는 단언코 없다. 자산관리자를 논하기 전에 신이 아닌 이상 이런 요구는 어떤 누구도 이뤄주지 못한다.

투자의 천재라고 알려진 워런 버핏이 꾸준하게 수익을 내는 이유
는 '주가가 상승할 종목을 잘 찍기 때문'이 아니라 '적정한 수준의 주
가 대비 저평가된 종목을 가려낼 줄 알기 때문이다. 그럼 개인투자자
들을 위해 자산관리자는 무엇을 해 줄 수 있는가?

A. 객관적인 시각에서 바라본 기업에 대한 보고서를 제공해 줄 수 있다.
   특히, 기업의 펀더멘털을 전문적으로 연구하는 리서치 센터(Research
   Center House)를 보유한 금융기관의 자산관리자는 '자기 회사 애널
   리스트 의견'이 담긴 보고서를 제공해 줄 수 있다. 매우 강력한 기능
   이다.

B. 기업에 대한 정보를 비전문가인 개인투자자들이 이해할 수 있도록
   설명해 줄 수 있다. 개인투자자 중 현금흐름, 추정실적, 기업가치, 지
   분변동 등의 용어들을 정확히 이해할 수 있는 사람들은 그리 많지
   않을 것이다.

C. 보유한 기업, 관심 있는 기업의 주가와 관련된 이벤트가 생기면 그것
   이 장기적으로 기업가치에 미치는 영향에 대해서 투자자에게 설명
   해 줄 수 있다. 가장 중요한 자산관리자의 기능이기노 하나.

결론은 간단하다. 해당 분야의 전문가가 아니며, 정체가 불분명한
사람 말을 따르지 마라. 특히, 자기 말과 행동에 책임을 질 이유가 하
나도 없는 사람 말은 매우 선별적으로 가려가며 들어야 한다.

말 많은 투자정보 

일전에 LG전자 소속 헬리콥터가 삼성동 아이파크에 충돌한 일이 있었다. 그날이 주말이었던 걸로 기억하는데 LG 관련 게시판에는 온통 '폭락', '하한가' 같은 단어들로 채워져 있었다. 필자의 상식으로는 사람이 죽은 것도 아니고 건물에 심각한 피해가 있었던 것도 아닌데 왜 시가총액이 11조 원이나 되는 LG전자 주가가 하한가를 기록해야 하는지 이해할 수 없었다. 헬리콥터가 건물에 충돌했다고 해서 기업가치 1조 5,000억 원이 날아가는 것이다! 왜?

말할 필요도 없이 LG전자 주가는 그 사건으로 별 영향을 받지 않았다. 이런 일이 생겼을 때 투자자들이 비상식적인 군중심리에 휩싸이지 않고 제대로 판단할 수 있도록 도와주는 것이 자산관리자가 해야 할 가장 중요한 업무일 것이다.

투자, 전쟁에 묻다

그깟 자존심 때문에

| 미군과 일본군 간의 과달카날 쟁탈전 |

• 지는 싸움에 집착하는 개인투자자 •

마지막까지
인정할 수 없었던
어리석음

지금도 그렇겠지만,

태평양전쟁이 발발하기 이전까지 남태평양의 솔로몬군도 남단에 있는 '과달카날'이라는 섬을 아는 사람은 그리 많지 않았다. 최소한 1942년 일본군이 상륙하여 비행장을 건설하기 이전까지는 말이다. 지도를 보면 한눈에 알 수 있겠으나, 솔로몬군도 남단은 미국에서 오스트레일리아 대륙을 연결하는 선상에 바로 자리 잡고 있다. 일본은 여기서 폭격기를 발진할 수만 있게 된다면 미국과 오스트레일리아 간 보급선을 차단할 수 있는 중요한 전진기지를 획득하는 것이다.

연합국 처지에서 보면, 영연방의 핵심국가인 오스트레일리아마저

43

일본의 직접적인 위협에 노출되는 상황을 절대 좌시할 수가 없다. 미국은 사실상 태평양에서 동원할 수 있는 해군세력 전부와 '금싸라기'보다 더 소중했던 해병대 1개 사단을 동원해 과달카날 섬과 인근 투라기 섬을 일본군으로부터 빼앗기 위한 작전에 돌입한다. 그리고 1942년 8월, 미 해병대는 해군의 전폭적인 지원 아래 목표로 하는 비행장을 순식간에 점령했다. 미 해병대가 '헨더슨 기지'라 명한, 이 비행장이 바로 앞으로 발생할 모든 전투의 초점으로 떠오른다.

이후 1943년 2월까지, 미군과 일본군은 육지, 바다, 그리고 하늘에서 몇 개월 전만 해도 이름마저 없었던 작은 비행장을 차지하기 위해 사투를 벌였다. 그 기간 일본 육·해군의 손해는 참으로 막심하여 3만 명이 넘는 일본군이 사망한 것으로 추정되며, 하늘에서는 800여 대의 항공기를 잃었고, 바다에서도 40척에 가까운 각종 전투함을 상실했다. 물론, 미군도 소중한 항공모함 2척을 포함한 30여 척의 전투함을 상실하는 등 큰 손해를 입었지만, 미국의 생산력을 고려할 때 심각한 피해라고 말하기는 힘든 규모였다.

사실, 과달카날은 일본군 관점에서 보면 꼭 그렇게 큰 희생을 치르고서라도 확보해야 할 전략적 요충지는 아니다. 남태평양에 널린 작은 섬 중 하나일 뿐이라고 생각할 수 있었다. 또 당시 일 해군은 미드웨이 해전에서 대패한 직후였고, 육군은 중국과 태평양, 두 전선을 유지하기 버거운 상황이었기에 일본군의 가용자원은 그리 넉넉한 상황이 아니었다.

일본군 수뇌부가 그럼에도 이 작은 섬의 탈환에 집착한 이유는 두 가지일 것으로 판단된다. 하나는 사태 발생 초기, 즉 미군의 상륙 소식이 알려졌을 때 미군의 규모와 의도에 대해 일본군 수뇌부가 어이없는 오판을 했다는 점이고, 또 하나는 의당 발을 빼야 하는 시점에서 자존심을 내세워 고집을 부렸다는 점이다.

어떤 군사작전이든 사태가 벌어졌을 때 초기 대응을 어떻게 하느냐가 결과에 매우 큰 영향을 미친다. 한데 미군의 상륙 소식을 접한 일본군 수뇌부, 즉 그들이 말하는 '대본영'은 '기껏해야 연대 규모의 병력이 비행장을 파괴하려 기습 상륙한 것'으로 사태를 판단했다. 미군 의도는 고사하고 그 규모에 대해서도 제대로 파악하지 못한 것이다.

전투기간 내내 일본군은 과달카날에 상륙한 미군 병력 및 방어 의지에 대해 지속해서 과소평가하는 오류를 저질렀다. 일본군 수뇌부가 사태를 제대로 파악하지 못한 주요한 원인은 당시 일본군에 만연했던 미군의 지상전 수행능력을 깔보는 경향이었다. 그러다 보니, 포병의 지원을 받는 강력한 방어선에 총검을 든 맨몸으로 도전해도 이길 수 있다는 대단히 괴상한 발상이 가능했던 것이다. 여기에 상대 병력에 대한 오판까지 겹쳤으니, 참담한 패배 외에 다른 결과는 애초부터 기대할 수 없었다.

일본군 수뇌부가 저지른 두 번째 실수는 냉정한 현실보다는 '쓸데없는 자존심'을 내세웠다는 점이다. 사태를 제대로 파악하지 못했던 초기라면 사단 규모의 적을 상대로 여단 규모의 병력을 보내는 우를 범할 수도 있다. 그러나 상대가 사단 규모가 넘는 정예병력이고, 이미 섬 주변 하늘과 바다를 장악하기 시작했다는 점을 깨달았다면 더 이상의 무모한 공세는 중단하고 '손을 터는 편'이 현명했다. 예나 지금이나, 보급선을 유지한 1개 사단의 정예병력을 무찌르고 목표를 탈취하는 일은 대단히 어렵다. 그런데 놀랍게도 일본군 수뇌부는 미군세력의 규모와 의지를 알고 난 이후에도 지속해서 과달카날에 병력을 투입했고, 그 병력을 보급하기 위해 귀중한 수상전력을 소모했다.

일본군이 이기기 어렵다는 점을 알면서도 오히려 규모를 키워가며 싸움을 계속한 이유는 이미 실수를 인정하고 발을 빼기에는 너무 피해가 커져 버렸기 때문이라고 할 수 있다. 나중에 요행수로 비행장만 손에 넣으면 그간의 모든 손해와 실수를 '한방'에 복구할 수 있다는 '오기'도 생기게 된다. 그러다가 '이 섬에서 죽어간 전우들을 위해서라도 결코 등을 돌릴 수 없다'는 해괴망측한 논리가 전혀 이상하게 들리지 않게 되는 수준까지 오면 결국 '광기가 이성을 지배하는' 상황으로 치닫는 것이다.

일본군 수뇌부가 6개월간에 걸친 고집을 접고, 병력을 철수하기로 한 시점에 과달카날에 남은 일본군 병력은 굶주리고 병든 1만여 명이 전부였다. 육군 병력의 손실은 둘째치고라도 일본으로선 과달카날의 하늘에서 잃은 숙련된 항공기 승무원들을 보충할 방법이 없었다. 냉정히 생각해 보면, 처음부터 비행장을 뺏기고 싸움을 시작하는 상황이었으므로 일본군이 전투에서 이길 확률은 상당히 희박했다고 볼 수 있다.

미군의 규모와 방어 의지를 확인한 시점에서 일본군 수뇌부가 자

투자, 전쟁에 묻다

존심을 버리고 국지적인 패배를 인정했다면, 질 수밖에 없는 싸움에 대규모의 병력을 다시 투입하는 오류는 피할 수 있었을 것이다. 유연하게 생각하지 못하고 자존심만 센 사람이 장교가 되면, 휘하의 병사들만 힘들어지는 법이다.

지는 싸움에 집착하는 개인투자자

과달카날 전투에서 일본군이 참패할 수밖에 없었던 원인을 정리하면 다음의 두 가지다.

1. **사태 초기 수뇌부의 대응이 너무나 안일했다.** 미군의 규모와 전투력을 애써 평가절하했고, 일본 육·해군의 능력에 대해서는 매우 과대

평가했다. 별다른 화력 지원도 없는 상황에서, 잘 준비된 적의 방어선을 '한 번의 총검 돌격으로 돌파할 수 있다'는 발상 자체가 광기다.

2. **사태를 제대로 파악한 이후에도 냉철하게 행동하기보다는 무모한 싸움을 지속했다.** 일본군 수뇌부 스스로 나태함과 어리석음으로 막대한 손실이 발생했다는 사실을 인정할 수 없었던 것이다. 가능성은 매우 희박하더라도 요행수로 비행장만 손에 넣으면 전세를 뒤엎고, 그간의 실수를 만회할 수 있다는 희망 아래 수만 명의 장병 목숨을 놓고 도박을 한 것이라 볼 수 있다.

언뜻 보면 장병 목숨을 소모품으로 취급했던 옛 일본군이나 저지를 어리석음이라고 생각할 수 있다. 그러나 오늘도 많은 개인투자자는 일본군 수뇌부가 저질렀던 그 실수를 똑같이 주식시장에 반복하고 있다. 다른 점이 있다면 '죄 없는 병사들의 목숨'이 '아까운 투자금'으로 바뀌었을 뿐이다.

투자, 전쟁에 묻다

하락하는 종목에 저당 잡힌 개인투자자

전투병력만 보내면 몰살당하는 싸움터가 있고, 반대로 가기만 하면 백전백승을 하는 싸움터가 있다고 가정해 보자. 전선이 너무 방대해져 일부 싸움터에서 발을 빼야 하는 상황이 발생한다면 어느 쪽을 축소하겠는가? 이성적인 판단을 하는 지휘관이라면 당연히 병력을 상실하는 싸움터에서 발을 빼고 이기고 있는 싸움터에 병력을 강화하려 하지 않을까? 위 질문에 대해 개인투자자들 대부분은 필자와 의견을 같이할 것으로 판단된다.

매수하기만 하면 처절한 주가의 폭락을 보여주는 종목이 있고, 살짝만 매수해 줘도 제대로 수익을 내주는 종목이 있다. 독자들이라면 어느 종목을 매수하겠는가? 필자 관점에서 보면 여기에 대한 대답은

49
···

매우 명확하다. 단연코 후자다. 그러나 생각만 그럴 뿐 개인투자자들 대부분은 이렇게 행동하지는 않는 것으로 보인다. 아래 도표는 2013 년 중 개인투자자들이 가장 많이 순매수한 종목 10개 순위와 2013년 중 등락률이다.

| 2013년 중 개인투자자 순매수 상위 10종목 |

순위	종목	등락률
1	삼성엔지니어링	−60.12퍼센트
2	LG디스플레이	−18.36퍼센트
3	KT	−11.13퍼센트
4	삼성전기	−26.41퍼센트
5	삼성전자	−9.86퍼센트
6	LG전자	−7.47퍼센트
7	대한항공	−42.02퍼센트
8	GS건설	−46.77퍼센트
9	현대상선	−50.67퍼센트
10	S−OIL	−28.85퍼센트

(자료 : 한국거래소)

일단 2013년, 개인투자자들이 많이 매수한 10개 종목 중 상승한 종목이 하나도 보이지 않는다는 점이 눈에 띈다. 상승한 종목이 눈에 띄지 않음은 물론, 40퍼센트 이상 하락한 종목도 4개나 보인다. 2013년 내내 개인투자자들은 계속 지는 싸움에 소중한 투자자금을 집어넣은 셈이다.

> **말 많은 투자전략**
>
> 반대로 개인투자자들이 2013년 중 가장 많이 매도한 종목은 연초 대비 40퍼센트 이상 주가가 상승한 SK하이닉스였다. 이기는 싸움에는 빨리 발을 빼고 질 수밖에 없는 싸움에는 끝까지 달려드는 개인투자자들의 성향이 분명히 드러나는 대목이다.

이처럼 어처구니없는 실수를 개인투자자들이 지속해서 저지르는 이유는 무엇일까? 개인투자자들이 대표적으로 선호하는 종목이며, 위에 제시된 개인투자자 쇼핑 리스트에도 포함된 종목 하나를 예로 들어 보겠다.

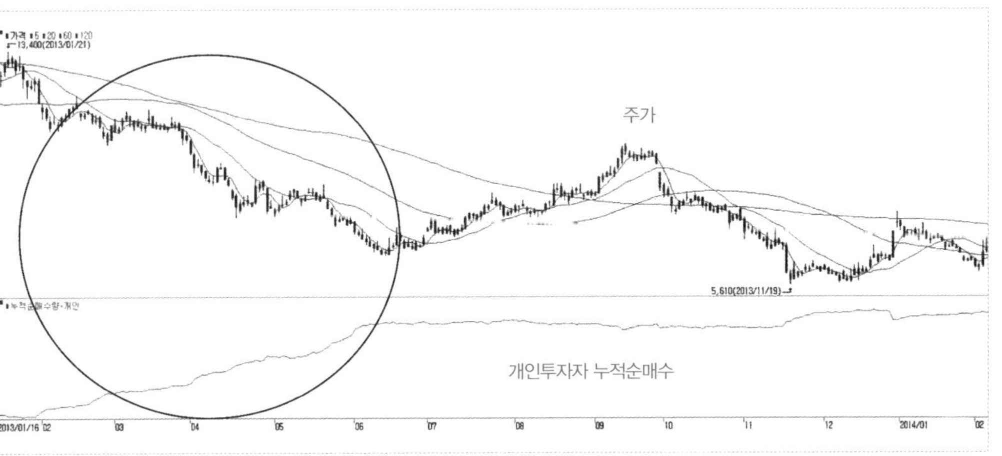

Chapter 2 : 그깟 자존심 때문에 미군과 일본군 간의 과달카날 쟁탈전

위 차트를 보면 해당 종목에 대해 개인투자자들의 집중적인 순매수가 있었던 시기는 주가가 고점에서 반 토막 나던 2013년 1월~2013년 6월까지였다는 것을 알 수 있다. 재미있는 사실은 개인투자자들이 주가가 저점을 확인하고 기술적으로 반등하던 2013년 6월부터 갑자기 매수를 중단했다는 점이다. 즉, 싸움에서 패하고 있을 때는 계속 병력을 투입하다가 전황이 슬슬 개선될 만하니까 병력 지원을 갑자기 중단해 버린 것이다. 이런 개인투자자들의 청개구리 심리를 차트로 표현하면 다음과 같다.

결국, 개인투자자들이 내려가는 종목, 어떻게 보면 주가와 수급이 모두 무너져 가는 종목에 베팅을 계속하는 이유는 다음의 두 가지로

정리해 볼 수 있겠다.

1. 주가 하락 초기에 상황을 너무 쉽게 판단하는 경향이 강하다. 올라가 던 종목이 조금 하락했으니 가격 매력이 나타났다는 생각뿐 기업실 적, 수급, 뉴스 변화 등에 대해 자세히 알아보려 하지 않는다.

2. 매수한 종목의 주가가 하락하면 하락할수록, 고집과 오기가 생긴다. 다시 말해 냉정하게 기업가치와 수급을 판단하려 하기보다는 점점 자기 마음이 편한 쪽으로 주가의 흐름을 해석하려 한다. 나중에는 자 신이 보유한 종목에 대해 조금이라도 안 좋은 이야기가 나온 뉴스는 아예 쳐다보기가 싫어진다.

자기 능력을 과대평가하고 시장 수급과 냉정한 분석은 낮게 평가 하려는 경향, 실수를 인정하기보다는 일단 요행수를 기다리면서 고집 을 부리는 태도, 이런 개인투자자들의 모습은 과달카날이라는 돌아올 수 없는 전쟁터에 지속해서 병사들을 쓸어 넣었던 일본군 수뇌부의 모습과 크게 다를 바가 없어 보인다.

장기이동평균선을 해석하는 관점을 키워라

개인투자자들이 이러한 실수를 저지르지 않으려면 무엇을 알고 어떻 게 행동해야 할까? '장기추세와 수급에 거역하지 않는 습관'이 무엇보다 중요하다. 필자의 관점에서 볼 때, 장기추세와 수급을 가장 잘 표현하는 지표가 바로 장기이동평균선이다.

장기이동평균선은 증권업계에서는 보통 '업황선'이라고 부른다. 특정 종목이 포함된 업종의 업황에 대한 시장의 관점을 반영하는 선이라는 뜻이다. 예를 들어, 앞서 언급한 SK하이닉스는 업종이 반도체 업종이므로, SK하이닉스의 업황선은 반도체 업종에 대한 시장의 관점을 반영하고 있다고 볼 수 있다.

업황에 관한 시각이 중요한 이유는 기업실적의 장기적인 흐름을 결정하는 가장 중요한 요인이기 때문이다. 생각해 보라. 반도체 업황이 나빠 D램 가격이 연일 하락하기만 한다면 SK하이닉스의 경쟁력이 아무리 뛰어나다 한들 실적 악화는 피하기 어려울 것이다. 물론 업황이 나빠진다고 주가가 반드시 폭락하기만 하는 것은 아니다. 그러나 좋은 뉴스가 기대되지 않는 종목을 단지 주가가 싸다는 이유로 매수해 줄 만큼 증권시장의 수급세력은 순수하지 않다.

장기이동평균선의 기준이 며칠인가에 관해서는 여러 주장이 있고 다들 그럴듯한 근거가 있다. 필자는 200일 이동평균선을 장기이동평균선으로 사용하는데, 이는 1년 영업일의 숫자와 얼추 맞아떨어지기 때문이다. 아래 차트는 SK하이닉스의 주가와 장기이동평균선을 보여주고 있다.

필자의 경험에 근거하여 200일 이동평균선을 활용하는 방법을 정리한다면 다음과 같다.

1. 웬만하면 주가가 200일 이동평균선 위에 있는 종복을 매배하는 편이 마음 편하다. 장기적으로 볼 때, 기업실적과 가치를 전망하는 시각이 과거 대비 개선되고 있음을 방증하는 결과이기 때문이다.

2. 200일 이동평균선의 기울기는 매우 중요하다. 특히 하락하던 200일 이동평균선의 기울기가 서서히 완만해지기 시작하면 종목과 관련된 숨은 악재나 실망감 등이 주가에 충분히 반영됐다는 의미로 해석할

수도 있다.

3. 200일 이동평균선 아래에 있던 주가가 위로 올라서고, 일정 부분 조정을 거치다가 반등하는 패턴을 보여주는 종목은 관심 둘 필요가 있다.

4. 상승하던 주가가 조정 과정을 거쳐 200일 이동평균선에 근접한다면 역시 관심을 둘 필요가 있다. 상승하는 200일 이동평균선은 좋은 지지선으로 작용하는 경우가 많기 때문이다. 반대로, 앞서 개인투자자들이 큰 손실을 본 종목의 주가와 200일 이동평균선을 살펴보자.

투자, 전쟁에 묻다

이 경우에는 다음과 같은 해석이 가능할 것이다.

1. 될 수 있는 대로 주가가 200일 이동평균선을 밑도는 종목은 매매하지 않는 편이 마음 편하다. 최소한 밤잠을 제대로 잘 수 있고, 행여나 기업에 악재가 나오지 않을까, 인터넷 게시판을 뒤지는 수고도 피할 수 있을 것이다.

2. 하락하는 200일 이동평균선의 기울기가 완만해지고 주가가 200일 이동평균선 부근에서 등락을 거듭한다면 관심은 둘 만하다. 그러나 쉽게 매수하기보다는 확실한 지지와 따라주는 수급을 확인할 필요가 있다. 1년 동안 쌓인 투자자들의 나쁜 시각을 몇 개의 좋은 뉴스로 한 번에 없애기는 쉽지 않다.

3. 마찬가지 이야기지만 200일 이동평균선은 상당한 저항선으로 작용한다.

4. 상승하던 200일 이동평균선이 갑자기 하락세로 전환하는 종목은 될 수 있는 대로 건들지 않는 편이 좋다. 갑자기 악재가 쏟아져 나온 종목으로서, 업황과 기업 펀더멘털에 대한 시장의 시각이 크게 바뀌었음을 의미하는 경우가 많기 때문이다.

당연한 이야기이겠으나, 200일 이동평균선 하나만을 가지고 주가의 장기적인 추세와 수급을 단정 지을 수는 없다. 다만, 잘 활용한다면 하락하는 종목에 지속해서 돈을 넣는 큰 실수는 피할 수 있기에 이 자리를 빌려 잠시 소개했을 뿐이다. 과달카날에서 일본군이 저지른

실수와 2013년 개인투자자들이 저지른 실수 간의 공통점이 무엇이
었는가를 이해한다면 이 글을 읽은 효과는 충분할 것이다.

투자, 전쟁에 묻다

Chapter 3

실패한 히트 앤 런

| 디에프 상륙작전 |

• 개인투자자의 리스크 관리 •

히트 앤 런

(Hit and Run)

상대가 미처 알아채기 전에 번개같이 기습하여 강편치를 먹인 후 반응할 시간을 주지 않고 빠져나오는 전술을 우리는 '히트 앤 런'이라고 한다. 그런데 만일 기습해 보니 상대가 이미 충분히 대비하고 있는 등 전혀 예상치 못한 상황이 기다리고 있을 수도 있다. 사전 계획 단계에서 이런 상황을 미리 계산해 준비하지 않는다면 결과는 '히트 앤 런'이 아니라 '치고 자살하는' 꼴이 된다.

이런 일이 정확히 일어난 사건이 바로 1942년 8월, 연합군이 강행한 디에프 상륙작전이다.

1942년 연합군은 전 전선에서 밀리고 있었다. 대서양에서는 독일군 잠수함이 연일 영국의 수송선들을 바닷속으로 보내고 있었고, 소련은 수도 모스크바마저 위협받는 상황이었다. 연합군으로서는 국민의 사기를 생각해서라도 어디서든 '멋진 승리'가 필요했다. 하지만 유럽대륙을 독일군이 '꽉 잡고 있는' 상황에서, 전면적인 유럽 침공 따위는 생각조차 할 겨를이 없었다.

그러던 중, 영국에서 누군가 이런 아이디어를 냈다. '지금 당장 유럽에서 독일군을 상대로 대규모 전투를 벌이는 것은 무리다. 하지만 잘 훈련된 특공대를 활용해 독일군 수비가 약한 유럽의 항구를 공격하고 독일군이 반응하기 전에 빠져나오는 작전은 가능할 것이다.' 영국은 딱 이런 식의 전투를 위해 훈련해 놓은 '코만도'라는 정예부대가 있었다. 신출내기 미군 중에도 기습공격 전문인 '레인저'라는 부대가 있기는 했다. 여기에 영국 공군과 기갑 전력까지 지원된다면 성공 가능성은 충분해 보였다. 기습공격의 목표는 프랑스 남부의 작은 항구인 '디에프'로, 작전 일은 1942년 8월 19일로 정해졌다.

이 기습상륙작전이 성공하기 위해서는 여러 가지 전제조건들이 필요했다.

1. 독일군이 기습공격에 전혀 대비하고 있지 않아야 한다.

2. 영국 공군은 전 작전 기간 중 제공권을 확보해 주어야 한다.

3. 상륙군과 같이 상륙한 전차들이 충분히 역할을 할 수 있어야 한다.

문제는 이 세 가지 전제조건 중 제대로 맞아떨어진 것이 하나도 없다는 데 있었다.

우선, 가장 중요한 전제조건부터 틀려나가고 있었다. 독일군은 연합군이 뭔가 일을 꾸미고 있다는 점을 인지했던 것이다. 첩보망을 통해서도 정보가 들어왔고 영국군의 무전 감청으로도 뭔가 일이 벌어지고 있다는 냄새를 맡았다.(이래서 자나 깨나 군사보안이라는 말이 나오는 것이다.) 그러니 디에프 지역의 독일군은 영국군의 기대와는 달리 우리나라 군대용어로 치면 '비상'이 걸려 있던 상황이었다.

영국 공군이 제공권을 확보할 수 있으리라는 기대도 결국은 지켜지지 못했다. 수적으로도, 기체의 성능으로도 독일 공군을 압도할 수 없었기 때문이다. 더욱이, 프랑스에서 출격하는 독일 공군에 비해 도버 해협을 건너야 하는 영국 공군은 항속거리 측면에서도 불리했다. 결국, 작전기간 내내 벌어진 공중전에서 영국 공군은 100대가 넘는 항공기를 상실했으나, 독일 공군의 손실은 50대 이내였다.

보병과 함께 전차가 상륙하여 진격의 선봉에 설 수 있을 것이라는 가정도 성립할 수 없음이 드러났다. 혼란한 전투 중에, 속도와 크기가 다른 상륙 수단을 쓸 수밖에 없는 전차와 보병이 동시에 상륙할 수 있다는 가정 자체가 비현실적이었다. 더욱이, 프랑스 해변의 모래사장에서 전차가 기동하기는 대단히 어려웠고 독일군 또한 '사전에 뭔가를 알고 있었기'에 대전차전력을 충분히 배치해 놓은 상태였다. 결국, 작전에 동원된 전차들은 단 한 대도 남김없이 파괴되거나, 독일군 수중으로 떨어지게 된다.

　6,000명이 넘는 정예병력과 대규모 공군세력을 동원하여 새벽부터 공격을 시작했음에도 이미 오전 10시경, 작전은 성공할 수 없다는 것이 분명해졌다. 그다음에는 신속히 철수해야 하는데, 이렇게 빨리 철수하는 지경이 될 것으로 예상하지 못했던 터라 별다른 계획도, 준비도 없는 무질서한 철수가 이뤄졌다. 독일군의 포화와 폭격 속에서 병력을 제대로 철수시키기는 불가능해졌고 결국 상륙했던 병력 6,000명 중 탈출하지 못한 2,000여 명이 포로로 잡히면서 전투는 끝난다. '짧게 치고 재빨리 빠져나오면' 쉽게 성공할 수 있을 것으로 보였던 작전이 누구도 예상하지 못했던 참패로 돌변한 순간이었다.

개인투자자의
리스크 관리

1942년만 해도 유럽본토는 영국군이 얼씬대기에는 매우 위험한 장소였다. 영국군도 유럽본토에 상륙하는 위험에 대해서는 충분히 알고 있었기에 1944년까지 적극적인 공세는 생각지도 못하고 있었다.

가장 안전한 방법은 영국에서 눌러앉아 때를 기다리는 방법인데, 그럼 이런 비난이 쏟아지게 된다. "전황이 급박하게 흘러가는데 군은 대체 무엇을 하고 있느냐?" 당장 처칠 수상부터 엄청난 사상자를 삼수하면서 독일 기갑군단을 막아내고 있는 소련에 대한 면목이 도저히 서지 않는다. 그러다 보니 '큰 욕심 내지 않고 작은 성과를 낼' 방법을 고민하게 됐고, 그 결과가 바로 디에프 상륙작전이라고 할 수 있다. '독일군의 허를 찔러 짧게 치고 나온다'는 아이디어 자체에는 큰 문제가 없었다고 할 수 있다. 문제는 짧은 히트 앤 런 작전과 관련된

리스크를 관리하는 방법에 있었다.

　투자의 세계에는 항상 위험이 도사리고 있다. 사실, 위험을 어느 정도 감수하지 않는다면 초과 수익도 존재하지 않기에 '위험의 감수'는 선택이 아닌 필수라고 할 수 있다. 따라서 모든 투자자는 이 '리스크'라는 요소를 어떻게 관리할 것인가를 놓고 고민하게 된다. 생각해 보면 투자 기간과 방법, 수단이야 개인의 투자성향에 달린 문제이니, 다른 사람들이 왈가왈부할 여지가 적다. 문제는 '뭔가 크게 위험을 부담하지 않고도 작은 수익들을 계속 챙길 수 있는' 방법이 존재한다고 믿는 개인투자자들의 심리에 있다.

말 많은 2차 세계대전 

디에프 전투로 연합군이 꼭 손해만 입었던 것은 아니다. 이 전투 결과를 통해 연합군은 많은 교훈을 얻었고, 이 교훈들은 1944년 노르망디 상륙작전에서 매우 귀중하게 쓰였다. 예로, 정보의 보안이 무엇보다 중요하다는 점을 실감한 연합군은 그 이후 기밀유지에 무척이나 신경을 곤두세웠고, 그 결과 메인이벤트라고 할 노르망디 상륙작전에서는 상당한 기습효과를 누릴 수 있었다. 상륙작전 시 전차를 어떻게 운용해야 하는가, 해군의 지원은 어떻게 되어야 하는가에 대해서 연합군은 많은 것을 깨우칠 수 있었다. 일부 전문가들은 디에프 상륙작전의 실패가 없었다면 연합군은 노르망디 상륙작전에서 훨씬 더 큰 피해를 봤을 것으로 추정하기도 한다.

파생상품을 이용하면 큰 위험 없이 초과수익을 올릴 수 있는가?

당연히 파생상품은 위험을 관리하는 좋은 방법이다. 그러나 파생상품이 '큰 위험을 부담하지 않고 작은 수익을 장기간 챙길 수 있는' 도깨비방망이가 될 수는 없다. 이렇게 이야기하면 일부 독자들은 '기관·외국인 투자자들은 선물시장과 현물시장 간의 가격차이를 활용해 아무런 위험을 부담하지 않고 큰돈을 벌고 있지 않소?'라고 물어올지도 모른다. 그렇다. 기관과 외국인투자자들은 자산 간 가격 차이를 활용한 '차익거래'를 한다. 그럼 그 '차익거래'를 '무위험'이라고 단정할 수 있을까? 만일 그렇게 생각하는 독자들이 있다면 아래 기사를 꼼꼼히 읽어 보길 바란다.

한맥투자증권이 선물·옵션 동시만기일인 12일 대규모 주문 실수로 400억 원대 손실을 떠안게 됐다. 증권사 측은 한국거래소에 착오거래에 따른 구제신청을 한 상태지만, 거래 상대방이 거래취소에 합의할 가능성이 적어 손실액을 감당해야 할 가능성이 높다. 금융투자업계에 따르면 이날 오전 한맥투자증권에서 코스피200 12월물 옵션거래에서 주문실수로 추정되는 거래사고가 발생했다.

이 증권사 차익거래시스템에서 오류가 발생해 일부 종목의 매물이 상한

가와 하한가에서 쏟아지면서 주문이 체결된 것으로 알려졌다. 업계에서는 이번 주문 실수로 한맥투자증권이 약 400억 원대의 손실을 볼 수 있을 것으로 추정하고 있다. 특히 이번 주문실수가 증권사 고유계좌를 통해 이뤄졌기 때문에 착오 거래로 인한 주문취소가 어려워 최악의 경우 피해 금액 전부를 부담해야 할 것으로 예상된다(뉴스토마토 2013년 12월 12일)

즉, 차익거래의 전문가라고 할 수 있는 기관투자자들도 작은 주문 실수나, 계산 착오, 또는 투기적 거래의 실패 등으로 순식간에 큰 손실을 볼 수 있다. 생각해 보면 2008년 전 세계를 뒤흔든 글로벌 금융위기도 선진국 기관투자자들이 이런 파생상품 거래의 위험에 대해 너무 쉽게 생각했던 영향이 크다. 가까운 예로 수많은 중소기업을 부도 위기로 내몬 키코(KIKO) 사태 또한 파생상품이 가진 위험을 과소평가한 결과다.

단기매매와 위험관리

파생상품 거래로 '공짜 수익'을 챙기기 힘들다면, 초단기매매는 어떨까? 주가가 상승할 만한 종목에 잠깐 투자했다가 조그마한 수익을 챙기고 재빨리 탈출한다면 큰 위험부담 없이 수익을 챙기는 투자가 가능하지 않을까? 만일 진짜 그렇게 생각하는 독자가 있다면 아래 기사

투자, 전쟁에 묻다

내용을 잘 읽어봐 달라고 부탁한다. 참고로 2010년 10월 기사다.

2005년 말 개설된 국내 주식워런트증권(ELW) 시장에서 개인투자자들의 누적 손실 규모가 4년간 1조 원을 넘어선 것으로 집계됐다. ELW 가격이 같은 조건의 주가지수 옵션보다 20퍼센트 안팎 고평가돼 개인이 손해를 볼 수밖에 없는 구조적 결함이 있다는 지적까지 제기되고 있다. 반면 ELW시장에서 하루 수백 번씩 초단타매매를 하는 '스캘퍼'(scalper, 일명 슈퍼메뚜기)들은 지난해에만 1,000억 원 이상 챙긴 것으로 조사됐다. ELW시장이 '슈퍼메뚜기'들이 판치는 사행성 투기장으로 변질해 대책 마련이 시급하다는 지적이다.(한국경제신문 2010년 10월 14일)

ELW란 일종의 주식옵션 상품으로서 가격이 기초자산인 주식가격 변동폭보다 매우 크게 움직이도록 설계된 상품이다. 시장에서 워낙 단타 매매가 성행하다 보니, 아예 전문적으로 가격을 조작하는 이른바 '세력'들만 돈을 벌고, 절대다수 개인투자자는 큰 손실을 보았다는 것이 기사의 요지다.

단기매매로 투자위험을 관리하면서, 고수익을 올릴 수 있다면 단기매매가 성행하는 선물·옵션, 외환·선물 거래 등에서 개인투자자들이 큰 수익을 올려야 한다. 아니면 최소한 50퍼센트 정도의 개인투자자들은 수익을 낼 수 있어야 정상이다. 그러나 이들 시장에서 대다수 개인투자자는 매년 막대한 손실을 보고 있는 것이 현실이다. 왜 단기투자가 위험관리 수단이 되지 못할까? 필자는 아래의 3가지 요인을 지적한다.

1. 아주 단순한 논리지만, 초단기매매는 손실 위험을 감소시키는 동시에 수익의 기회도 같은 비율로 감소시키기 때문이다. 주가가 꾸준히 상승하는 종목으로 잦은 매매를 하다가 결국 제대로 수익을 내지 못하는 현상을 '기회비용'이라고 하는데, 이름 그대로 '매도와 매수를 반복하다 보니 수익을 낼 기회를 상실'했기 때문에 들어가는 비용이다.

예를 들어, 특정 종목을 매수했다가 5퍼센트 수익을 내고 팔았는데, 그 이후 주가가 20퍼센트 상승했다면 그 20퍼센트가 기외비용이 된다. 손실 나는 종목은 재빨리 손절매하고 상승하는 종목도 재빨리 팔아버리면 결국 남는 수익이 없기 때문이다. 단기매매가 위험관리 수단이 되지 못하는 가장 중요한 이유이다.

2. 하루 이틀 주가가 변동한다 한들 몇 퍼센트나 움직이겠는가? 기대하는 수익률은 높은데 주식을 보유하고 있는 기간은 짧게 가져가고 싶기에, 개인투자자들은 레버리지투자의 유혹에 쉽게 넘어간다.

예를 들어 투자원금이 100만 원이라면 이 돈을 담보로 증권사로부터 100만 원을 더 빌려 200만 원을 투자하는 식이다. 변동성을 피하려고 단기매매하는 투자자가 단기매매의 수익을 높이기 위해 억지로

투자, 전쟁에 묻다

변동성을 높이는 행동인데 이런 희한한 전략을 위험관리 수단이라
할 수 없다.

3. 단기매매를 하다 보면, 가격이 안정적으로 움직이는 종목보다는 단
기적인 변동성이 큰 종목을 찾게 된다. 코스피시장의 대형주들은 소
위 '주가가 무겁다'는 이유로 피하고 단기적인 변동성이 큰 코스닥시
장의 테마주 등을 매매하는 성향을 보이는 게 대표적이다. 리스크를
관리하려 단기투자를 하는 투자자가 굳이 다른 종목보다 변동성이
큰 종목을 찾아가며 매매하는 셈인데, 위험관리가 제대로 될 이유가
전혀 없다.

결국, 단기매매는 과도한 비용을 발생시킬 가능성이 높고, 잘못 사
용하면 오히려 투자 리스크를 높일 수 있기 때문에 그리 권할 만한 투
자방법이 아니다.

다른 사람들이 많이 매매하는 종목을 매매하면 리스크가 줄어들까?

일부 개인투자자들은 '거래량이 늘어나는 종목'을 매매하면 투자 리
스크를 줄일 수 있다고 생각한다. 아무래도 '다른 사람들이 많이 모인
쪽'이 보다 안전해 보이기 때문일 것이다. 식당 하나를 차려도 사람들
이 많이 왔다 갔다 하는 쪽에 내는 편이 더 좋은 선택이 되지 않겠는

가? 문제는 투자의 세계에서는 이 원칙이 전혀 통하지 않는다는 사실에 있다.

한 종목에 대해 얼마나 많은 투자자가 관심을 두고 있는지를 측정하는 대표적인 지표가 '거래량'이고 이 거래량을 상장주식 수로 나누면 바로 '회전율'이라는 지표가 만들어진다. 회전율은 특정 종목에 대해 '손 바뀜'의 강도가 얼마나 심한가를 의미하는 지표로 사용된다. 여기서 문제는 앞서 언급했듯이 '손 바뀜'이 비정상적으로 심한 종목에 같이 동참하여 매매하는 행동은 결국에 손해를 초래할 가능성이 높다는 것이다.

주식 회전율이 높은 종목과 수익률의 관계를 알아보기 위해, 상장 종목들의 2013년 연중 고점과 종가의 차이를 계산해 봤다. 결과는 오히려 회전율이 높은 종목을 찾아서 매매할 때에는 주가의 고점에서 잘못 매수할 가능성이 높은 것으로 나타났다.

2013년에 연중 고점 대비 연말 주가의 하락폭이 60퍼센트 이상이었던 91개 종목의 평균 회전율은 9.3배, 중간값 회전율은 6.6배이다. 반면, 연중 고점 대비 연중 주가의 하락폭이 5퍼센트 미만, 즉 거의 연중 고점에서 끝난 117개 종목의 평균 회전율은 1.2배, 중간값은 0.79배이다. 회전율이 높을수록, 다시 말해 많은 사람이 참여해서 매매한 종목일수록, 고점 대비 손실 폭이 더 큰 것이다.

회전율 관점에서 수익률을 보면 그 결과는 더욱 재미있다. 회전율 상위 20개 종목의 연중 고점 대비 하락률은 평균 47퍼센트다. 반면, 회전율 하위 20개 종목의 연중 고점 대비 하락률은 평균 14퍼센트에 불과하다. 회전율 상위 20개 종목 중 연중 고점 대비 30퍼센트 이상 주가가 하락한 종목의 수는 16개인 반면, 회전율 하위 20개 종목 중 연중 고점 대비 30퍼센트 이상 하락한 종목은 1개에 불과하다. 이 정도면, 왜 '빈 수레가 요란하다'는 속담이 생겼는지 충분히 이해할 수 있을 것 같다.

거래량을 맹신하는 트레이더들은 잘 이해하지 못할 수 있다. 그러나 통계적 결과는 비정상적인 거래량을 쫓아 매매하는 행동이 결코 수익에 도움이 되지 않음을 검증해 준다. 조금만 주가와 차트의 좁은 시각에서 벗어나 매매원칙이라는 큰 관점으로 보면 당연한 결과이기도 하다.

좋은 매매를 하기 위한 가장 기본적인 원칙 중 하나가 바로 '대중의 심리를 따라 매매하지 않는' 것이다. 즉, 대중보다 한발 앞서 매매를 해야 제대로 수익을 올릴 수 있는 것이다. 그런데 불과 열흘 만에 상장주식 수가 한 바퀴 돌아간다면, 이는 이미 시장에서 '웬만한 난기 매매자들은 이 종목을 다 매매하고 있는' 신호로 해석해야 한다. 기업가치를 보고 장기적으로 보유할 의사가 충분한 장기투자자들의 뒤를 따라간다면 모를까, 매수 후 1퍼센트~2퍼센트 내에 매도할 궁리를 하는 단기투자자들의 꽁무니를 따라가는 매매가 좋은 수익을 내기 어려운 것은 당연한 결과가 아닐까?

그래도 '역시 수익은 테마주에서 난다'고 생각하는 독자가 있다면 아래 기사내용을 반드시 읽어 보길 바란다.

2012년 12월 대선을 전후해 주식시장을 들썩이게 했던 정치 테마주는 최고가 대비 평균 48퍼센트 하락한 것으로 조사됐다. 정치 테마주 3개 중 1개는 작전 세력이 개입한 것으로 드러났다. 금융감독원은 2012년 6월 1일 이후 정치 테마주 147개의 개별 종목 최고가와 지난해 12월 20일 주가를 비교한 결과, 최고가 대비 평균 48퍼센트 하락했다고 13일 밝혔다.

정치 테마주가 고점을 찍었을 때는 후보 경선이 완료되고 출마선언이 이뤄진 2012년 9월로 3개월여 만에 62.2퍼센트의 수익률을 기록했다. 이때 경영실적이 적자였던 79개 종목도 주가 상승률이 39.2퍼센트에 이르렀다. 그러나 정치 테마주의 대선 전날(2012년 12월 18일) 수익률은 0.1퍼센트로 폭락해 제자리로 돌아왔다. 실적 부진 주는 선거 다음 날 수익률이 마이너스 6.0퍼센트까지 급락한 후 반등하지 못했다. 그동안의 주가 상승이 거품에 불과했다는 뜻이다. 정치 테마주 시가총액 역시 2012년 6월 1일 15조 2,000억 원에서 대선 레이스가 본격적으로 시작된 2012년 9월 10일 19조 6,000억 원까지 증가했다가 지난해 12월 20일 13조 1,000억 원으로 쪼그라들었다.

| 경향신문 2014년 1월 13일 |

리스크를 '관리'할 수는 있으나 '제거'할 방법은 사실상 없다. 누구든 무위험 금리를 초과하는 수익을 원한다면 합당한 수준의 리스크를 감수해야만 한다. 살다 보면, '이런 전략으로 투자하면, 큰 위험을 부담하지 않으면서 짭짤하게 수익을 올릴 방법이 있습니다.'는 말을

많이 듣게 된다. 그리고 표면적으로는 꽤 그럴듯해 보이는 전략들도 있다. 그러나 '리스크'라는 늑대는 항상 보이지 않는 곳에 숨어 있기 마련이다. '위험 없이 높은 수익률을 안겨드리겠습니다.'라고 누군가 이야기한다면 물어보라. '그럼 당신은 왜 가지고 있는 모든 자산을 팔아서 이 금융상품을 사지 않는 것이냐?'라고 말이다. 잠재적인 위험과 잠재적인 수익 간의 균형을 찾아가는 방법만이 큰 실패는 막는 리스크 관리법이라 할 수 있다.

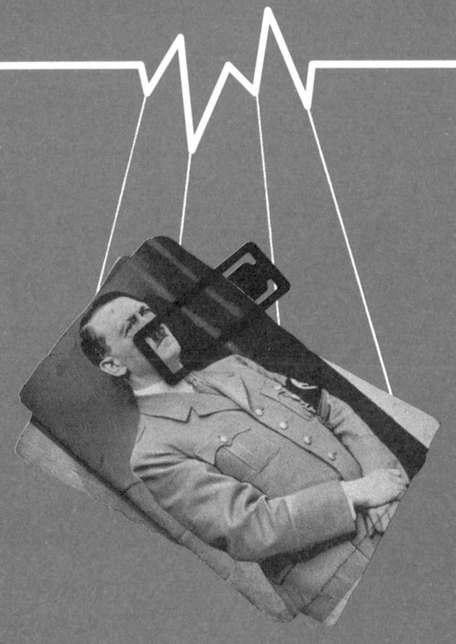

나는 천재야 감히 나에게 전문가 따위가

| 히틀러의 과대망상 |

• 스스로 전문가라고 생각하는 개인투자자 •

히틀러의 독선과
몰락

제2차 세계대전에서

두각을 드러낸 정치인이나 지휘관 중 상당히 독특한 캐릭터들이 뜻밖에 많다. 우리나라와도 많은 관련이 있는 맥아더 원수는 귀족적인 행태로 구설수에 올랐고, 기갑 전력으로 유럽대륙을 석권했던 패튼 장군은 환생을 믿는 듯한 언행으로 유명했다. 물론, 독재자 스탈린의 의심 많고 변덕스러운 성격도 자주 거론된다. 그러나 역시 2차대전 최고의 별종 캐릭터를 들라면 나치즘의 원조인 히틀러를 말하지 않을 수 없다.

특히, 재미있는 사실은 대전 기간 내내 히틀러는 전통적인 군사이론을 공부한 독일의 장군들을 자기보다 한 수 아래로 취급했다는 점이다. 전쟁이 막바지로 치달을수록 독선은 심해지기만 했고, 결국은 일부 열성적인 나치 이외에는 다른 장성들 말은 들으려 하지도 않았다. 종국에는 독일 군부 전체가 자신에게 반대한 반역자라는 망상에 사로잡히기까지 한다.

당연한 이야기지만, 히틀러와 독일 군부, 특히 육군 수뇌부와의 관계는 집권 초기부터 썩 좋지는 않았다. 장군들 관점에서도 상병 출신이 지도자라고 나타나 군사전략을 들먹이면서 자기들 위에 올라서려는 꼴이 마음에 들지 않았던 것이다. 그러나 처음부터 군부와 히틀러와의 관계가 대립각을 세웠던 건 아니다. 독일이 사방에서 승승장구한 1941년까지는 그럭저럭 히틀러도 독일 군부의 말을 들어 주면서 전쟁을 치르고 있었다.

문제의 발단은 소련을 침공하기로 한 히틀러의 결정에서 시작되었다. 독일 군부의 많은 장성은 독일이 소련 정도의 인구와 땅덩어리를 가진 나라를 침공할 만한 능력이 있지 않다고 여겼다. 그러나 많은 반대의견을 무시하고 히틀러는 소련을 침공했고, 침공 초기 결과는 예상을 뛰어넘는 큰 성공작이었다. 단기적으로 자기 말이 맞는 것처럼 보였던 탓에 히틀러는 점점 더 자기의 전략적 사고방식에 확신하게 된다.

1941년 겨울에 벌어진 모스크바 전투에서 히틀러의 고집과 독일 육군 장성들의 이성적 사고방식이 재충돌한다. 예상치 못했던 소련군의 대반격에 직면한 독일 육군 장성들은 일단 부대들을 현 위치에서 후퇴시켜 전선을 정리해야 한다고 생각했다. 반면 히틀러는 한번 점령한 영토를 포기하면 나중에 그 땅을 되찾기 위해 더 많은 희생을 치러야 한다는 점을 강조하며 '단 한 발자국도' 뒤로 물러나지 말라고 지시한다. 엄동설한에 소련군을 방어해야 한다는 극악의 조건에도 독일군은 일단 '현 위치 사수' 전략을 따랐는데 결과는 놀라웠다. 히틀러의 고집이 다시 한번 맞아떨어져 소련군의 공세를 막아 낼 수 있었던 것이다.

문제는 그 이후였다. 히틀러는 적의 공세에 대응하는 최고 전략은 현지 지휘관이 뭐라든 간에 무조건 버티는 것이라는 망상을 가지게 됐다. 사실, 1941년 겨울 소련군의 공세를 독일군이 막아낼 수 있었던 가장 큰 원인은 히틀러의 '버티기 전략'과는 밀접한 관계가 없었다. 단지 당시 미숙했던 소련군이 독일군 전선을 대규모로 돌파하기에 부족한 측면이 많았던 탓이다. 그럼에도 자기 판단능력을 맹신하게 된 히틀러는 그때 이후 전쟁의 모든 의사결정을 한 손에 틀어쥔 채 제멋대로 의사결정을 내린다.

히틀러가 결코 독일군 장성들보다 우월한 전략가가 아니라는 사실이 이듬해 스탈린그라드 전투에서 드러난다. 1942년 겨울, 독일 육군의 최정예였던 제6군이 볼가 강 유역의 산업도시인 스탈린그라드에서 소련군의 대규모 반격에 직면한 것이다. 독일군 장성들은 일제히 히틀러에서 제6군의 즉각적인 후퇴를 건의한다. 이미 측면을 돌파

한 대규모의 소련군이 후방으로 침투하던 상황이었기에 즉각적인 후
퇴결정이 없다면 제6군은 꼼짝 못하고 포위당할 처지였다. 그러나 히
틀러는 무조건 현 위치 사수를 고집하였고 제6군은 결국 포위당한 채
전멸당했다.

스탈린그라드 전투 이후에도 히틀러의 예측 불가능한 고집과 망상
은 독일군의 작전에 끊임없는 악영향을 미쳤다. 1943년 쿠르스크 전
투에서는 준비 불충분을 이유로 작전을 한 달이나 지연시켜 소련군
에게 방어선을 강화할 시간을 벌어주었다. 1944년 프랑스 전투에서
도 압도적인 전력을 가진 미군에 대해 무모한 반격을 시도함으로써
서부전선의 독일군이 거의 전멸당하는 위기를 자초한다.

특히, 1944년 여름, 소련군의 대규모 공세 때 그가 보여준 지휘능
력은 일부 독일군 수뇌부로 하여금 '이런 미치광이를 계속 총통으
로 두었다가는 독일은 멸망한다'는 확신을 주기에 충분할 만큼 무
능했다.

기습적으로 시작된 소련의 대규모 공세를 독일의 중앙집단군이 막
아 낼 수 없다는 것은 전투 초기에 이미 분명해진 사실이었다. 독일군
현지 지휘관들과 사령부 참모들은 이구동성으로 예하 부대들이 각개
격파당하기 전에 최대한 빨리 철수하여 후일을 도모할 것을 건의하였
다. 이때 히틀러가 내린 명령이 바로 그 유명한 '도시의 요새화'였다.

이 어리석기 짝이 없는 작전에 대해 단순히 설명한다면 히틀러가
마음대로 도시를 선택하고, 그 도시를 방어하는 독일군은 어떤 경우

에도 후퇴 없이 그 도시를 방어해야 하는 개념이다. 기동력이 뛰어난 적을 상대로 한 도시를 방어하려 한다면 반드시 포위·전멸할 수밖에 없다는 것은 군사전략의 상식 중에서도 상식이다. 결과는 정확히 그 랬다. 소련군이 폴란드 국경에서 겨우 전진을 멈췄을 때 독일의 중앙 집단군은 더는 세상에 존재하지 않았으니 말이다.

점점 미치광이로 변하는 히틀러를 보고, 일부 독일군 장성들은 그 의 암살을 시도하지만 그야말로 '하늘이 히틀러를 보우하사' 그는 구 사일생으로 살아남는다. 가뜩이나 무능한 집단으로 보고 있던 독일 육군에서 암살기도까지 출현했으니, 육군장성들에 대한 히틀러의 불 신은 극에 달할 수밖에 없었다. 암살시도 이후 독일 군부가 그에게 무 슨 이야기를 하든 그의 귀에는 모든 것이 변명으로 들렸고, 그 머릿속 에선 배신으로 해석되었다.

1945년 4월, 소련군이 그가 숨어있던 지하벙커의 문 앞까지 진격 했을 때도 그는 자기 어리석은 집착이 파국을 초래했다는 점을 인 정하지 않았다. 이미 그의 정신상태는 사리를 제대로 분별하는 수준 이 아니었다. 물론 때늦은 실수 인정으로 바뀔 것은 아무것도 없었 겠지만.

그의 거처를 지키기 위해 십 대 소년병들이 소련군 탱크로 돌격하 는 상황에서도, 그는 모든 잘못은 비겁하고 무능한 독일 군부에 있다 고 믿고 있었다. 히틀러의 관점에서 독일이 멸망에 이른 모든 책임은 자기 비전에 제대로 대답하지 못한 독일국민 전체에 있었을 뿐이다.

스스로 전문가라고 생각하는 개인투자자

이 대목에서 한번 생각해 보자. 히틀러는 자신뿐만 아니라 독일국민 전체의 운명을 걸고 여러 번 중요한 도박을 감행했다. 그리고 전쟁 초기에는 그럭저럭 그 도박이 먹혀드는 듯했다. 하지만 내용을 잘 들여다보면 1941년까지 히틀러의 도박이 성공할 수 있었던 요인은 천재적인 전략 때문이었다기보다는 상대의 너무 형편없는 대응능력이었거나 단순한 행운이었다.

예를 들어, 1940년 프랑스 전투가 뜻밖으로 대성공을 거둔 이유는 독일군의 뛰어난 전략·전술 때문이기도 했지만, 아무래도 주요 상대였던 프랑스의 대응이 너무 허술했던 탓이 크다. 반대로, 1944년에 거의 같은 경로로 전혀 대비되어 있지 않았던 미군에게 기습공격을 가했지만, 결과는 실패였다. 1944년의 미군은 1940년의 프랑스군과는 차원 자체가 달랐던 것이다.

히틀러의 실수는 '준비되지 않은 약한 적을 상대로 운 좋게 얻은 승리'의 결과를 마치 자신이 뛰어난 전략가이기 때문에 가능했던 결과로 해석했다는 데 있다. 그리고 결과가 생각과 다르게 나오면 잘못된 자기 전략이 아니라 그 전략을 시행하는 군부의 비겁과 무능함에서 원인을 찾으려 했다. 대표적인 '잘되면 자기 탓, 안되면 부하 탓'의 행태인데, 지도자가 자신이 이끄는 조직을 망하게 할 수 있는 가장 빠른 길의 하나가 바로 이 방법이다.

말 많은 2차 세계대전 

히틀러가 정식으로 부대를 지휘해 본 일은 없었으나, 1차 대전의 참호전을 거치면서 일반 사병으로서 겪을 수 있는 고초는 충분히 겪었을 것으로 보인다. 그래서인지, 그는 대전기간 내내 일반 병사들의 장비나 무기체계의 발전에 대해서는 많은 관심을 보였음은 물론, '적보다 좋은 무기를 보병들에게 쥐여주기 위한' 아이디어에 대해서는 상당히 개방적이었다고 한다. 90년대 초반 군에서 근무했던 필자의 수통이 1940년대산이었던 것으로 기억한다. 우리나라 장성들도 히틀러로부터 사병들의 장비에 대한 관심 정도는 좀 배워보는 것이 어떨까.

Chapter 4 : 나는 천재야 감히 나에게 전문가 따위가 히틀러의 과대망상

매매할 때 근거 없는 자신감이
생기는 이유

오늘도 수많은 전문가, 즉 애널리스트들이 주식시장에서 새로운 종목에 대해 새로운 의견을 내놓고 있건만, 개인투자자들은 요지부동, 실적추정도 투자의견도 없는 테마주, 작전주 등을 꾸준하게 매매한다.

개인투자자들에게 '우량종목들도 많은데 왜 이런 종목들을 매매하세요?'라고 물어보면 이유는 대부분 둘 중 하나다. 하나는 대형종목들의 변동성에 만족하지 않는 것이고, 다른 하나는 전문가들이 말리든 말든 나름대로 테마주를 매매해서 몇 번 성공한 경우다. 즉, '나름대로 내 전략과 원칙을 가지고 테마주, 작전주를 매매해서 수익을 낸 적 있는데 어리바리 전문가라고 나와서 쓸데없는 소리 하지 말라'는 태도인 것이다.

재미있는 가정을 해 보자. 가까운 미래, 우리나라 어느 방송사에서 전 국민을 상대로 '가위, 바위, 보' 이벤트를 추진한다. 규칙은 간단하다. 방송사는 전 국민에게 1인당 1,000원씩 게임원금을 지급한다. 전 국민은 아침에 일어나자마자 조를 짜서 가위, 바위, 보를 하는데, 이긴 사람은 진 사람 투자원금을 몽땅 가져간다. 그리고 그다음 날에는 이긴 사람들만 모여 다시 한번 가위, 바위, 보를 하는 것이다. 이렇게 하다 보면, 결국 한 번 이기면 2,000원, 두 번 이기면 4,000원, 세 번 이기면 8,000원…… 이런 식으로 승리의 대가는 2의 승수에 비례하여 늘어난다.

그럼, 이런 식으로 계속 가위, 바위, 보 게임을 하다 마지막 열 명이 남으면 판돈이 얼마나 될까? 우리나라 국민 수를 얼추 5,000만 명으로 잡고, 참여하는 인원이 열두 명으로 줄어들 때까지 계속 가위, 바위, 보를 하다 보면 판돈은 83억 원까지 늘어난다. 이 대목에서 방송사는 게임을 멈추고 최후의 승자 여섯 명에게 83억 원씩 지급했다고 상상해 보자. 그리고 방송사는 내년에 같은 게임을 다시 한 번 하겠다고 공표한다. 어떤 일이 발생하겠는가?

일단 서점은 '가위, 바위, 보 잘하는 방법'에 관한 책으로 넘쳐 나겠고, 승자인 다섯 명은 우리나라에서 가위, 바위, 보를 제일 잘하는 사람으로 대우받을 것이다. 그러나 조금만 더 생각해 보면, 최후의 승자 다섯 명은 통계적으로 나올 수밖에 없는 다섯 명임을 알 수 있다.

즉, 가위·바위·보를 연속으로 23번 이길 수 있는 확률은 0.0000119209퍼센트로 매우 적지만, 최종 6명의 승자가 나올 때까지 계속 가위, 바위, 보를 시키면 결국 누군가는 이 확률을 극복하고 승자가 되는 것이다. 다시 말해 이 가위, 바위, 보 게임의 승자인 6명은 '운이 억세게 좋은 사람들'일 뿐 그늘이 가위, 바위, 보를 거의 '신'의 수준으로 하는 능력을 가질 가능성은 극히 적은 것이다. 간단한 예로 우리가 로또에 당첨된 사람을 보고 '운이 무지하게 좋은 사람'이라고 칭할 뿐 '로또를 무지하게 잘하는 사람'이라고 말하지는 않는 것과 같은 이치이다.

마찬가지 논리로 주식투자에 대해 생각해 보자. 개인투자자가 순수하게 단기 투자의 목적으로 주식을 매수했을 때 주가가 당장 상승할 확률은 몇 퍼센트일까? 상황과 종목에 따라 다르겠지만 일단 무난하게 50퍼센트로 생각해 보겠다. 주가가 상승할 확률이 50퍼센트를 넘는다면 당연히 주가가 더 오를 것이고, 반대의 경우라면 주가가 하락할 것이니 일단 50퍼센트는 가장 무난한 확률이다.

그럼 주가가 상승할 확률이 50퍼센트인 '도박'에서 개인투자자들이 연속으로, 예를 들어 5회 이상 단기매매로 수익을 올릴 가능성이 있을까? 당연히 있다. 가령 개인투자자가 아무 생각 없이 개별종목을 매수하여 5번 연속 수익을 내며 매도할 가능성은 3.1퍼센트로 매우 작지만 존재하기는 한다.

매매하는 종목에 대한 별다른 정보가 없이 단기적인 차트의 지표만을 보고 매매했는데 지속해서 수익을 낼 수 있는 경우는 당연히 있을 수 있다. 문제는 이 결과가 어떻게 만들어질 수 있었는가를 해석하는 관점이다. 과연 개별종목의 주가를 예측하는 신비한 지표가 차트 속에 숨어 있고 개인투자자는 그 비결을 이해하고 있기 때문에 지속해서 수익을 낼 수 있는 것일까? 이 질문에 대한 필자의 대답은 '아니다'이다. 그럼 지속해서 수익을 낼 수 있는 개인투자자가 시장에 존재한다는 믿음은 어떻게 만들어진 것인가? 여기에 대해 필자는 다음의 2가지 원인을 말하고 싶다.

개인투자자들에게 특별한 능력이 있다기보다는 시장 상황이 개인투자자들이 선호하는 매매에 적합했을 가능성이 크다. 예를 들어, 개인투자자들이 선호하는 개별종목이나 테마 종목이 시장의 분위기를 지배하며, 기관투자자들이 뛰어드는 국면은 있을 수 있다. 그러나 이러한 이상적인 시장국면은 장기간 지속하는 경우는 많지 않다는 점을 기억해야 한다.

단순히 운이 따랐던 경우도 있을 수 있다. 대표적인 사례가 바로 파생상품 매매다. 워낙 투자 레버리지가 높은 매매이다 보니, 몇 번만 성공적으로 매매하면 수익도 짭짤하고 투자의 정석을 깨우친 듯한 느낌이 들기도 한다. 그러나 역시 이러한 운이 계속될 가능성은 크지 않다.

전문가들의 보고서를 이해하고 매매하는 방법

결국, 아무리 짧은 매매를 하더라도 전문가들 의견을 한 번쯤은 참고하고 결정 내리는 편이 큰 손실을 피할 수 있는 확률을 높이는 전략이다. 그러나 누구나 알듯이 전문가들, 즉 항상 해당 종목의 주가 흐름을 지켜보는 애널리스트라고 해서 '내일 당장 상승할 수 있는 종목을 찍어 내는' 재주는 없다. 당연한 이야기다. 증권회사에서 애널리스트라는 이유로 단기적인 주가를 맞출 수 있는 능력이 생긴다면 누가 월급 받으며 일하려 하겠는가?

전문가가 이야기하는 논리를 자기 스스로 해석하는 관점이 중요하다. 이 주제에 관해 깊게 파고든다면 이야기가 매우 늘어지므로, 여기서는 전문가들 보고서를 이해하는 가장 기초적인 시각에 대해서만 논해보도록 하겠다.

증권회사에 따라 여러 형태가 있으나, 애널리스트들의 보고서는 대부분 다음과 같은 형식을 취하고 있다.

1. 투자의견

해당 종목에 대한 애널리스트들의 투자의견이다. 한데 실제 '매수'와 '매도' 의견에 따라 의사결정을 하려 하는 독자가 있다면 다시 한 번 생각해 보길 바란다. 왜냐하면, 애널리스트들이 자신이 커버하는 종목에 대해 '매도' 의견을 내는 경우는 거의 없기 때문이다. 즉, 애널리스트들의 투자의견은 '매수'와 '중립'이 대부분이다.

그럼 '매수'는 애널리스트들이 확신하고 사라는 의견으로 볼 수 있는가? 그런 것도 아니다. 애널리스트들이 실제로는 매수할 만한 종목이 아니라고 생각하면서도 투자등급은 일단 '매수'로 해두는 경우가 허다하다. 반대로, 투자의견은 '중립'이면서도 단기적으로 주가가 너무 하락해 매수할 만한 수준이라는 의견을 내는 경우도 많다.

애널리스트들의 투자의견은 그냥 '약방의 감초' 정도로 생각하고, 큰 의미를 부여하지 않는 편이 무난하게 매매하는 데 더 이로운 전략이 될 것이다.

다음은 증권사 보고서의 투자의견과 관련된 언론기사 중 일부를 발췌한 내용이다.

금융정보업체 에프앤가이드가 2013년 8월 중순부터 2014년 2월 중순까지 6개월간 집계한 국내 증권사의 투자의견별 리포트 비중 자료에 따르면 전체 의견 수 1만 2,265건 중 매수 의견(강력 매수 또는 매수) 비중이 78.5퍼센트(9,636건)으로 가장 많았고, 시장 중립 의견은 8.63퍼센트(1,059건)였다. 반면 매도는 한 건 있었고, 비중 축소 의견을 낸 리포트는 0.06퍼센트(8건)에 그쳤다. 투자의견 없음은 12.72퍼센트(1,561건)를 차지했다.

| 세계일보 2014년 2월 19일 |

2. 목표주가

투자의견보다는 믿을 만한 소스이다. 아무래도 담당하는 애널리스트가 목포주가를 올리면 좋게 본다는 이야기겠고, 목표주가를 낮추면 좋지 않게 본다는 이야기일 테니 말이다. 그러나 목표주가 또한 믿을 만한 투자 기준으로 보기에는 다소 문제가 있다.

우선, 많은 개인투자자가 믿고 있는 대로 애닐리스드들이 산정하는 목표주가가 무슨 '기업의 절대적인 가치'를 반영하는 경우는 극히 적다. 예를 들어, 어느 애널리스트가 담당하는 종목에 대해 '목표주가 1백만 원'의 의견을 냈다고 해서, 그 기업가치가 '주당 한 1백만 원은 충분하겠구나'라고 생각해서는 매우 곤란하다는 뜻이다. 아래 그림은 삼성전자를 담당하는 어느 애널리스트의 삼성전자에 대한 목표주가 추이다.

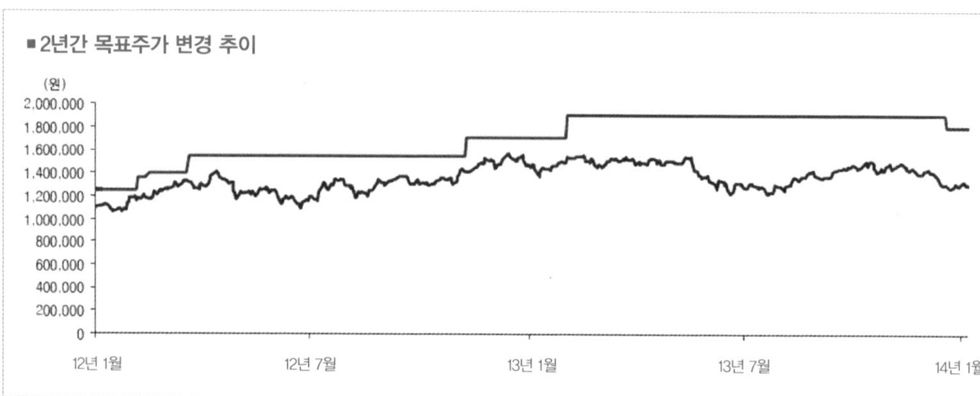

| 2014년 1월 8일 삼성증권 리서치 보고서 |

위 그림에서 나타나듯이 삼성전자의 목표가는 절대 가치처럼 고정된 것이 아니라 삼성전자의 주가와 함께 변한다. 생각해 보면 당연한 결과다. 결국, 목표주가라는 것이 대부분 미래 가치이기 때문에, 애널리스트가 어떤 상황에서, 어떤 관점으로 해당 기업을 바라보느냐에 따라 목표주가는 달라질 수밖에 없다. 따라서 '기업에 대한 전문가인 애널리스트가 목표주가를 제시했으니, 언젠가는 그 주가에 도달하겠지'라고 생각하고 투자한다면 상당히 곤란한 상황에 맞닥뜨릴 수 있을 것이다.

목표주가의 두 번째 문제는 바로 괴리율이다. 다음은 애널리스트의 목표주가와 실제 주가와의 지나친 괴리율에 대해 비판하는 언론 기사다.

금융정보업체 에프앤가이드에 따르면 국내 증권사 3곳 이상이 목표주가를 내놓은 215개 상장사의 목표주가 괴리율 평균은 지난 5일 종가 기준으로 36.77퍼센트였다. 괴리율이 가장 큰 종목은 법정관리에 들어간 STX팬오션이었다. 5일 1,415원으로 거래를 마친 STX팬오션의 목표주가 평균은 4,950원으로 괴리율이 249.82퍼센트에 달했다. 코스닥 상장사 이엘케이의 괴리율이 139.80퍼센트였고 에스맥(97.45퍼센트), 네패스(93.85퍼센트) 등이 뒤를 이었다. 분석 대상 종목 중 괴리율이 30퍼센트 이상인 종목은 절반이 넘는 123개였다. 50퍼센트 이상인 종목은 36곳이었다. 실적이 사상 최대였지만 시장 전망치를 밑돌아 5일 코스피 하락의 원인이 된 삼성전자의 목표주가 괴리율도 50퍼센트가 넘었다. 이날 삼성전자 종가는 126만 7,000원이었지만 증권사들의 목표주가 평균은 190만 7,000원 선으로 괴리율이 50.57퍼센트였다.

| 세계일보 2013년 7월 8일 |

증권사 목표주가와 실제 주가와의 괴리기 이처럼 벌어지는 데는 여러 이유가 있다. 애널리스트가 해당 종목을 오랫동안 들여다보지 않아 투자의견·목표주가가 업데이트되지 않았거나 아니며 주가가 하락하더라도 애널리스트가 꿋꿋하게 목표주가를 바꾸지 않기 때문이기도 하다. 목표주가 또한 절대적으로 신뢰할 만한 기준은 아니라는 말은 하고 넘어가야겠다.

3. 실적추정

이제부터가 매우 중요한 대목이다. 실적추정은 애널리스트가 해당 기업을 탐방 활동했거나, 해당 기업이 실적을 발표하는 등 이벤트가 발생했을 때, 여기에 대한 애널리스트의 견해가 담긴 내용이다. 특히 다음 분기, 혹은 다음 해의 실적추정에 대한 변화는 시장 수급에 영향을 미칠 수도 있으므로 매우 중요한 변수로 취급해야 한다.

4. 업황에 대한 의견

업황에 대한 의견 또한 신중하고 꼼꼼히 읽어야 하는 중요한 내용이다. 아무리 기업 경쟁력이 뛰어나다 해도 업황 자체가 망가지면 배겨낼 장사는 그리 많지 않다. 해당 종목이 속한 업종의 경기가 나빠지는 사이클이고 단기적으로 실적이 좋아질 여지가 없다면 아무리 주가가 많이 하락해도 안정적인 수급이 형성될 가능성이 상당히 낮다. 반대로, 한창 호경기를 달리고 있는 업종이라면 기업내용이 충실하지 않고 주가가 조금 비싸더라도 지속적인 매수세가 유입될 가능성이 높아지는 것이다.

5. 기업가치

기업가치는 기업의 주가를 측정하는 잣대다. 즉, 주가를 수익이나 자산가치 등 특정한 기준으로 나눠 주가가 같은 업종의 업체 대비, 혹은 과거 대비 얼마나 차이가 나는가를 따지는 것이다. 이렇게 설명하면 독자들에게는 매우 난해하게 들릴 것이므로, 아주 간단한 예를 들어 보겠다.

주식시장에서 가장 많은 사용하는 기업가치 잣대가 바로 PER이다. 아주 단순한 지표로서 그냥 주가를 주당순이익(EPS)으로 나눈 비율이다. 예를 들어, 같은 업종이고 경쟁력에 그리 큰 차이도 나지 않는데, A 기업은 주당순이익의 10배에서 거래되고, B 기업은 주당순이익의 5배에서 거래되고 있으면 B 기업이 싸 보이는 건 당연하다. 다른 예로 과거에 주당순이익의 10배에 거래되던 기업이 갑자기 주당순이익의 5배에 거래되면 갑자기 싸 보일 수도 있다.

기업가치 기준도 매우 중요한 지표이나, 사실 어느 정도 기업가치 평가에 대한 경험이 없다면 주식시장에서 통용되는 수많은 기업가치 기준들을 이해하기는 어렵다.

제조업은 PER을 기업가치 기준으로 많이 쓰지만, 금융업종은 순자산가치를 기준으로 하는 PBR을 거의 전적으로 활용한다. 그 이유는 자산에 대한 성격이 매우 다르기 때문인데, 이 차이점을 개인투자자들이 이해하기는 쉽지 않은 것이 현실이다. 또 기업가치 지표는 하나의 지표만이 아니라 반드시 다른 여러 지표를 함께 고려해서 판단해야 한다는 것도 개인투자자들에게는 상당히 까다로운 조건일 수 있다. 가령 PER은 영업이익성장률과 함께 생각해 봐야 하고, PBR은 ROE와 함께 판단해야 하는 변수다. 이 모든 것들을 종합해 보면 결국 전문적의 도움이 없이 개인투자자 혼자 기업가치 지표들을 적절히 활용하기는 매우 어려울 것으로 판단된다.

95

6. 개별종목에 대한 분석 및 뉴스

업종에 대한 의견과 더불어 매우 중요한 부분이다. 애널리스트가 기업을 바라보는 관점이 중요하다. 소위 '별다른 거리'는 없으나 주가만 싸니 매수 추천 논리도 있을 것이고, 기업이 지속해서 성장하는 큰 그림을 보고 매수를 추천하는 때도 있을 것이다. 또한, 기업 지배구조 변화나 신사업 진출 등과 같이 업종과는 상관없는 개별기업의 '재료'를 보고 추천하는 경우도 있다.

애널리스트가 특정 기업을 매수 추천하는 논리는 참으로 여럿이겠으나, 될 수 있으면 '별다른 뉴스거리는 없는데 가격이 싸므로 매수 추천한다'는 종목은 건들지 않는 것이 좋다. 주식시장에서 가격이 싼 종목은 한두 종목이 아니며, 주가가 상승하는 이유는 '가격이 싸서'가 아니라 '가격이 쌀 이유가 없기 때문'이 대부분이라는 점을 기억해야 한다.

그 외 개별기업에 관한 내용을 잘 읽어 보면 특정 기업의 이른바 뉴스가 나오는 경우도 많은데 될 수 있는 대로 메모 등을 통해 기억해 두어야 한다. 실적발표는 언제쯤 나올 것이고, 신제품 출시는 언제쯤이며, 수주는 또 언제 나올지 등등이 개별기업에 대한 뉴스다.

개별기업과 관련된 뉴스들이 언제쯤 나올 것 같고, 내용은 어떨 것 같은가에 대한 애널리스트의 의견을 잘 기억해 두고 있으면 나중에 크게 도움될 일이 있을 것이다.

결론을 내리자면 전문가의 보고서를 개인투자자가 읽고 충분히 이해하기는 쉽지 않을 가능성이 높다. 원체 이 보고서들이라는 것이 개인투자자가 아닌 펀드매니저 등 전문투자자들을 위해 만들어진 물건이니 어쩔 수 없다. 전문용어도 많고 업계의 관례적인 표현도 많아 까딱하면 애널리스트의 의사를 잘못 해석할 수 있는 여지도 있다.

전문투자자가 아닌 개인투자자가 애널리스트의 보고서를 충분히 이해하고 잘 활용하려면 다음과 같은 원칙이 필요할 것 같다.

1. 인터넷 뉴스 등에 나온 축약된 내용만 보고 전문가들의 보고서를 판단해서는 안 된다. 대체로 뉴스 등에서는 투자의견, 목표주가, 그리고 간단한 요약만을 싣는 경우가 많아 오히려 보고서를 쓴 애널리스트의 의사를 오해할 여지가 있기 때문이다.

2. 앞서 이야기했듯이 투자의견과 목표주가에 현혹돼서는 안 된다.

3. 무엇보다 애널리스트의 보고서를 함께 보고 해석을 도와줄 경험 많은 조력자가 필요하다. 충분한 전문지식과 경험이 있는 조력자라면 애널리스트의 보고서가 무슨 의미가 있는지 충분히 잘 전달해 줄 수 있을 것이다.

| 출처 : 김도현의 전쟁사로 본 투자전략 – 히틀러의 편집증 : 남 탓하기 시작하면 망조가 든다. 작성자 삼성증권 |

말 많은 개인투자 

이른바 '개미투자자'가 각종 증권 관련 게시판에 올린 글을 보면 '남 탓'하는 내용이 많다. 보유한 종목의 주가가 하락하면 주가를 관리하지 못하는 대주주, 그 종목을 내다 파는 기관, 그리고 해당 종목을 매수 추천한 애널리스트를 탓하며 독설을 퍼붓는다. 이렇게 수익률 부진의 원인을 '남 탓'으

로 돌리다 보면 정상적인 시장의 움직임도 근거 없이 색안경을 끼고 보게
된다. 증권회사의 종목 보고서를 보고 매매한 뒤 손실을 본 경험이 있다고
모든 종목 보고서에 의심의 눈길을 던지는 것이 대표적인 예다. 사실 여부
가 어떻든 스스로 판단해 실행한 매매의 결과를 두고 남을 탓하는 습관은
장기적인 투자수익률에 악영향을 미칠 가능성이 크다. 주식 시장의 추세
와 수급에 대해 의심하게 되고 객관적 관점에서 내놓은 전문가의 투자의
견도 불신하기 쉽다. 각종 정보와 조언을 비뚤어진 시각으로 보는데 어떻
게 투자 수익을 올릴 수 있을까. 고수는 남의 잘못을 탓하기 전에 자기 매
매습관을 돌아볼 것이다. 손실의 결과를 남 탓으로 돌린다고 손실이 복구
될 리는 만무하다.

투자, 전쟁에 묻다

Chapter 5

너희 망상에 불가능은 없다?

|임팔 전투|

• 나의 투자사전에 불가능이란 없다! •

황군은
먹지 않아도
싸운다

일본의 관점에서,

1944년 초반 전황은 '절망적'이라는 말 이외에는 달리 표현할 단어가 마땅히 없을 정도로 막다른 골목에 몰린 상황이었다. 거듭하는 남태평양에서의 패전도 모자라, 미 해군 잠수함대의 활약으로 동남아시아와 일본 본토 간 해상교통로도 단절될 위기에 있었고, 숭일전쟁은 깊은 수렁처럼 일본의 국력을 빨아들여만 갔으니 말이다. 어떻게 보면, 세계 최대의 강대국들인 미국과 영국을 상대로 전쟁을 치르면서 2년 넘게 버텼다는 사실만으로도 기대 이상이었다고 할 수 있을 것이다.

그러나 인도와 인접한 버마 전선만은 평온한 상태를 유지하고 있었다. 개전 초기 영국군이 버마에서 철수한 이후 연합군이 버마 전선에서 그리 특별한 공세를 펼치지 못했기 때문이다. 하지만 인도 북부를 통해 중국으로 통하는 연합군의 보급로는 일본에 이만저만 귀찮은 존재가 아니었으므로, 버마 주둔 일본군의 전략은 항상 인도 북부로 진공하는 데 초점이 맞춰져 있었다. 그리고 1943년 버마에서 일본 제15군을 지휘하고 있던 '무다구찌 렌야'라는 인물이 북부 인도로의 공세를 원했던 이유도 중국과 인도 간 교통로 차단에 있었다.

만일, 일본군이 버마에서 인도로 진격해 인도 북부의 요충지인 '임팔'과 '코히마'를 점령한다면 인도에서 중국으로 이어지는 중국군의 보급로를 위협할 수도 있었다. 문제는 지도상으로야 버마에서 임팔과 코히마까지 굉장히 가깝게 보이지만, 실제 버마와 인도의 접경지대는 빽빽한 정글, 넓은 강, 그리고 험난한 산악지대가 가로막고 있어 대규모 부대의 이동이 가능한 지역이 아니라는 것이었다. 여기에 비라도 내리면 사실상 부대 이동 자체가 불가능하게 된다. 일본군보다 압도적인 물량과 제공권을 가졌던 연합군이 군이 버마로 진출해 중국과의 육상교통로를 다시 확보하려는 시도조차 하지 않았던 이유도 여기에 있었다.

인도 북부 지역을 침공한다는 계획은 처음부터 많은 문제점을 안고 있었고 일본군 내에서도 반대론이 들끓었다. 가장 큰 이슈는 전투가 아니라 보급 문제였다. 수만에 달하는 병력이 진군하려면 막대한

투자, 전쟁에 묻다

보급물자가 필요한데, 이 물자들을 수송할 만한 방법은 수송기를 사용한 공중 보급 이외에는 없었던 것이다. 말할 필요도 없이 일본은 그만한 수의 수송기를 가지고 있지도 못했고 수송기를 가지고 있다 한들, 제공권은 영국군이 잡고 있었기에 운용할 방법도 없었다.

두 번째 이슈는 중장비와 물자의 수송 방법이었다. 정글과 산악으로 뒤덮인 지형에서 대포를 어떻게 수송할 것이며, 탄약과 물자들은 또 어떻게 들고 갈 것이냐는 문제였다.

세 번째 이슈는 공격부대의 규모에 관한 것이었다. 일본군은 공격, 영국군은 방어하는 처지다. 아무래도 대규모 부대가 기동하기 어려운 지역에서는 방어하는 자가 유리한 법이다. 따라서 공세가 성공하려면 압도적인 병력의 우위가 필요한데, 연합군에 도전하기에는 병력이 부족하다는 것이 일본 회의론자들의 논리였다.

가장 심하게 반대한 사람들은, 역시 병력을 이끌고 정글을 뚫고 산을 넘어 압도적인 화력을 자랑하는 영국군과 싸워야 하는 사단장들이었다. 하지만 편안한 사령부에서 '명령만 내리면 전쟁이 되는' 무다구찌 사령관은 다음과 같은 해괴망측한 작전을 통해 어려움을 극복할 수 있음을 강조했다.

1. **보급은 큰 문제가 되지 않는다.** 중간마다 적의 진지를 공격하여 보급품을 노획하면 될 일이다.
2. **장비와 물자의 운송 수단도 잘 생각해 보면 충분하다.** 버마에는 소가 많으므로, 소들을 징발하여 운송수단으로 사용하면 된다. 식량이 부

Chapter 5 : 너희 망상에 불가능은 없다? 임팔 전투

족하면 소를 잡아먹으면 되니 일거양득이다.

3. **병력의 열위는 걱정하지 마라.** 영국·인도군은 약해 빠진 군대이기 때문에 전투가 시작되기만 하면 항복하거나 도주할 것이다.

일본말로 대책도 없으면서 이른바 무조건 '지르고' 보는 정신을 무데뽀 정신이라고 하는데 이쯤 되면 무데뽀 수준을 넘어 광기라고 할 수 있다. 그러나 군대는 명령이 생명과 같은 집단임을 어떻게 하리. 제15군 휘하 사단장들은 더 이상의 군소리 없이 병력을 챙겨 정글 속으로 들어갈 수밖에 없었다.

하지만 실제 전투는 무다구찌 사령관의 낙관적인 전망과는 전혀 다른 방향으로 전개됐다. 우선, 소를 몰고 험준한 산악지형과 정글을 돌파한다는 작전부터 말이 되지 않는 망상이었다는 점이 증명됐다. 즉, 논에서 농사나 짓던 소들은 헤엄쳐 강을 건너지도, 산길을 따라 등산하지도 못했던 것이다. 물자와 장비를 수송할 소부터 떠내려가고 절벽에서 굴러떨어져 버리고 나면 장비와 물자를 수송할 방법은 없어져 버렸다.

연합군의 물자를 빼앗아 보급을 충당한다는 황당한 계획도 당연히 실현될 수 없었다. 연합군은 후퇴하더라도 보급품을 파괴하거나 불태워 일본군이 챙길 수 있던 연합군 물자는 그리 많지 않았다. 간혹 연합군의 방심을 틈탄 기습으로 물자를 탈취해 횡재하기도 했지만, 수백 명의 게릴라도 아니고 수만 명 정규군을 이런 방법으로 먹여 살릴

투자, 전쟁에 묻다

수는 없었다. 그리고 전투가 시작되자마자 연합군이 도주할 것이라는 예상도 맞아떨어지지 않았다. 연합군은 험준한 지형과 우세한 제공권을 활용해 최대한 방어에 성공했고, 기회가 되면 가차없는 역습으로 일본군에게 큰 손해를 입히기도 했으니 말이다.

일이 이쯤 되면 체면이고 뭐고 병력을 철수시켜 재정비에 임해야 했는데, 한번 질러놓은 체면이 있으므로 일선 부대에 대한 명령은 계속 '곧 보급을 속행하겠으니, 공격을 계속하라'였다. 전선에서 병사들이 굶주리고 있다는 연락이 오면 사령관이라는 사람은 '주위를 둘러보면 먹을 수 있는 풀이 많다. 본래 일본인은 초식동물이다'는 엽기적인 답변을 날렸다고 한다. 명령을 받는 처지에서는 기도 안 막히는 노릇이었을 것이다.

이도 저도 되는 일은 하나 없고 병사들만 죽어나가는 모습을 보다 못한 휘하 사단장 중 한 명은 '보급을 찾아 이동하겠다'는 핑계로 명령도 없어 전선을 이탈해 후퇴하기까지 한다. 이 소식을 받은 무다구찌 사령관은 '병기가 없어, 탄환이 없어, 먹을 것이 없어 싸움을 포기한다는 것은 이유가 안 된다. 탄환이 없으면 총검이 있다. 총검이 없으면 맨손이 있다. 맨손이 없으면 발로 차라, 발도 없으면 물어뜯어라.'라는 따뜻한 명령으로 화답해 주었다고 한다.

결국, 처음부터 두려워했던 우기가 찾아오자, 일본군은 마지못해 전선 병력에 철수 명령을 내린다. 하지만 인도로 진군했던 일본군들은 이미 지리멸렬……. 군대라기보다는 자기들 살길을 찾는 인간군

Chapter 5 : 너희 망상에 불가능은 없다? 임팔 전투

상 집단에 가까웠다.

가까스로 목숨을 건져 돌아온 병력은 1만 7,000명 내외. 일본군은 5만여 명의 병력을 잃은 것으로 추정되며, 사망자 대부분은 굶어 죽거나, 병들어 죽었다. 현실을 모르는 지휘관의 비상식적인 기대를 맞춰주기 위해 희생한 대가치고는 너무 컸던 셈이다.

나의 투자사전에 불가능이란 없다!

테마주 중독에 빠진 개인투자자들

무다구찌 렌야라는 인물이 구 일본 제15군에 내린 명령을 요약한다면 아마 아래와 같을 것이다.

투자, 전쟁에 묻다

'자, 우리는 지금 영국군하고 인도군을 치러 가는 거야. 일단 보급 따위는 없으니까 20일분씩 식량과 탄약을 짊어지고 정글을 걷는 거지. 가다 보면 큰 강이 나타날 거야. 그냥 건너면 돼. 물론 소떼도 같이 데리고 건너고. 소떼가 무척 중요한데 너희가 먹을 식량이랑 탄약을 짊어지고 가거든. 소는 헤엄도 치고 산도 타고 그러니 몰고 가는 데는 큰 걱정 없을 거야. 가다가 식량이 떨어지면 그냥 적군의 물자를 뺏으면 돼. 탄약도 적의 것을 쓰면 되니깐 일단 정글로 가면 총부터 영국군 것으로 바꿔. 영국군을 만나면 총도 쏠 필요 없어. 그냥 돌격하면 적은 무조건 도주하도록 약속이 돼 있으니깐. 그러다 먹을 것이 떨어지면 길가의 풀을 뜯어 먹든가 굶어. 너희는 자랑스러운 황군이야. 탄약이 떨어지면 돌을 던지거나 주먹질을 해. 그럼 황군의 명예를 걸고 천황의 탄생일까지 임팔을 점령하기로 약속하는 거다. 자 이제 출발!'

만일 제2차 세계대전에서 싸운 다른 나라 군대에 이따위 명령을 내렸으면 어떤 반응들이 나왔을지 궁금해지기까지 한다. 일단 미군에서 이런 명령이 내려지면 당연히 'After you. Sir(니가 먼저 해봐라!)'란 대답이 날아갈 것 같고, 독일군이나 소련군이라면 아마 낑낑하는 장교에게 대답 대신 총알부터 날아가지 않았을까?

상식적으로는 도저히 할 수 없는 일들이 마치 아주 간단히 이뤄질 수 있는 것처럼 통용되는 곳이 있으니, 그곳이 바로 주식시장이다. 만일 어떤 사람이 여러분에게 다음과 같이 투자권유를 한다면 여러분은 어떻게 생각하겠는가?

'이 종목이 말이죠, 지금 어떤 대선후보와 대학동창 관계에 있는 사람이 경영하는 회사거든요. 지금 매출이 260억 원에 적자가 64억 원이지만, 시가총액은 2,000억 원이 넘어갑니다. 그게 말이 되느냐고요? 당연하죠. 이 대선후보가 당선만 되면 대학 동창이 경영하는 이 회사의 규모를 10배 이상 키워줄 테니까요. 그만큼 친하냐고요? 모르죠. 하지만 같은 학교를 오랫동안 다녔는데 얼굴은 알고 있지 않을까요? 대통령이 동창회사를 이렇게 밀어준 사례가 있느냐? 몰라요. 당신이 대통령이라면 그래도 동창 회사 정도는 챙겨 주겠지요? 지금 뭐 하는 회사냐고요? 몰라요. 이 사람이 대통령만 되면 어차피 회사내용이 확 바뀔 텐데요 뭐.'

이런 투자권유를 듣는다면, 사람들 대부분은 '귀싸대기를 한 방 날리고 싶은 충동'을 느낄 것이다. 당연히 누가 들어도 너무나 황당무계한 이야기이기 때문이다. 그 누구도 이런 말엔 귀 기울이지 않을 것 같은데, 실상은 그렇지 않다. 다음은 코스닥시장을 뒤흔들었던 정치 테마주와 관련된 언론보도 내용이다.

Report

에프앤가이드와 한국거래소에 따르면 6·4 지방선거를 앞두고 최근 급등락하고 있는 정치인 관련 주 15개 중 12개(80퍼센트)가 지난해(4분기 실적 미발표 종목은 1~3분기) 순이익이 적자였거나, 전년보다 많이 감소했다. 안철수 의원 테마주로 분류되는 케이씨피드는 지난해 순이익이 83.5퍼센트 감소했고, 우성사료와 안랩, 대한제강도 순이익이 각각 57.3퍼센트, 53.1퍼센트, 49.4퍼센트 줄었다. 써니전자와 솔고바이오, 미래산업, 오픈베이스는 적자가 지속하거나 적자로 돌아섰다.

이들은 안 의원이 주식을 보유하고 있거나 지인들이 직간접적으로 회사와 연관됐다는 이유로 선거철만 되면 급등락을 반복하고 있다. 안랩과 써니전자는 안 의원이 민주당과 공동으로 신당 창당 계획을 밝힌 다음 날인 3일 각각 8.8퍼센트, 15.0퍼센트 급등했다가 4일에는 5.5퍼센트, 7.7퍼센트 급락했다.

서울시장 후보로 나선 정몽준 새누리당 의원의 테마주로 거론되는 현대통신은 적자로 전환했고, 코엔텍은 순이익이 8.21퍼센트 감소했다. 하지만 현대통신과 코엔텍은 올해 들어서만 33.3퍼센트, 51.4퍼센트씩 상승했다. 경기도지사 후보로 나선 남경필 새누리당 의원의 테마주로 불리는 손오공과 서울시장 출마가 유력한 김황식 전 국무총리 관련 주 이월드도 적자였다. 테마주 중에서는 링네트(안 의원)와 파라텍(남 의원), 모헨즈(박원순 서울시장) 정도가 지난해보다 이익이 늘었다. 하지만 파라텍은 주가수익비율(PER)이 101.7배로 코스닥 상장사 평균인 48.4배보다 훨씬 높았다. PER은 기업의 순이익 대비 주가 수준을 보여주는 것으로 PER이 높으면 투자 매력이 높다고 보기 어렵다. | 일요서울 2014년 4월 7일 |

결론은 특정 정치인과 관련이 있다는 이유 하나만으로 적자기업과 실적이 좋지 않은 기업들이 천문학적인 밸류에이션으로 오늘도 거래되고 있다는 것이다. 도저히 가능해 보이지 않는 일들이 현실적으로 이뤄질 수 있다고 믿는 많은 개인투자자는 오늘도 열심히 테마주를 매매한다. 이 정도 되면 무다구찌 렌야라는 친구와 무엇인가 엄청난 결과를 기대하고 테마주에 투자하는 개인투자자 중 누가 더 무모한지 필자의 좁은 시각으로는 구별하기가 어려워진다.

말 많은 2차 세계대전

'임팔 점령작전'에 동원됐던 운 나쁜 부대 중 앞서 언급했던 과달카날 전투의 패잔병들이 포함돼 있었다고 한다. 나름 일본군부의 수뇌부들이 험한 전투에서 살아 돌아왔으니 좀 편안한 전선에 배치해 준다고 배려한 덕분일 텐데……. 진짜 운이 나쁜 부대가 아닐 수 없다. 더욱더 재미있는 사실은 과달카날과 임팔 전투를 다 경험하고도 살아 돌아온 병사들이 있다는 것이다. 태평양 전쟁에서 일본군이 저지른 최대 '삽질' 두 개에 모두 참전해서 살아 돌아왔다는 이야기인데, 정말 조상님께 제사를 잘 지낸 병사라 할 수 있겠다. 누군가 그 병사에게 어느 쪽이 더 힘들었느냐고 물어보자, '임팔이 훨씬 더 지독했어'라고 대답했다나.

단기테마주의 기대수익률

누구에게 물어봐도 '턱도 없는 소리'라는 답이 나올 게 너무 뻔한데, 그것을 알면서도 개인투자자들이 때가 되면 나타나는 테마주에 '혹' 하는 진짜 이유가 무엇일까? 개인투자자들이 그만큼 순진해서일까?

투자, 전쟁에 묻다

아닐 것이다. 무모한 줄 알면서도 개인투자자들이 테마주를 매매하는 이유는 그만큼 큰 위험을 부담하더라도, 잘만 하면 상상도 못할 높은 수익이 가능하다는 기대심리가 있기 때문이다.

금감원 자료에 의하면 테마주가 한창 기승을 부리던 2012년경에, 주요 150개 테마주의 시가총액이 최고 41조 원에 달했다고 한다. 2012년 6월 기준 코스닥 시가총액이 110조 원 수준이었으니 이들 테마주들이 시가총액에서 차지하는 비중이 엄청났다는 점은 틀림없는 사실이다. 그런데 같은 자료에 따르면 이들 테마주의 시가총액은 2012년 12월 말까지 24조 원으로 하락한다. 필자의 조사에 의하면 2012년 6월~2012년 12월 동안 5개 주요 테마주들의 주간수익률 평균은 1.11퍼센트였으며, 같은 기간 코스닥지수 주간수익률의 평균은 0.26퍼센트였다(보통은 코스피지수가 기준 지수가 돼야만 하나 테마주의 경우 대부분이 코스닥시장에 포함된 종목이므로 부득이 코스닥지수를 기준지수로 한다.). 반면, 변동성 측면에서 보면 동기간 5개 주요 테마주 주간수익률의 표준편차는 25퍼센트였고 코스닥지수 주간수익률의 표준편차는 2.51퍼센트였다. 지수 대비 4배 수준의 기대수익을 추구하려고 개인투자자들이 감수했던 변동성은 무려 10배 수준이었던 셈이다.

더 재미있는 사실은 거래량 분포다. 이들 5개 종목이 가장 활발하게 거래됐던 수익률 구간을 보면, -20퍼센트 아랫대였다. 즉, 여러 경고에도 개인투자자들은 폭락하는 테마주에 대한 미련을 끝까지 버리지 못했다는 뜻이다. 종목 수로는 비중이 크지 않은 테마주들이 마지막까지 코스닥시장의 전체 개인투자자들에게 미친 악영향이 어느 정도인지 짐작할 수 있는 대목이다.

〈주요 테마주들의 주간수익률에 근거한 거래대금 분포(2012. 6~2012. 12)〉

주요 테마주 주간 평균수익률 분포	주간 평균 거래량
−20퍼센트 이하	298,209,032
−20퍼센트~−10퍼센트	134,813,760
−10퍼센트~0퍼센트	277,1014,750
10퍼센트~0퍼센트	264,243,908
10퍼센트~20퍼센트	282,740,266
20퍼센트~30퍼센트	282,280,551

말 많은 투자전략 

가끔 지인들을 만나 대화를 나누다 보면, 주식시장을 투전판이나 노름판과 비교하는 걸 심심치 않게 접할 수 있다. 지금까지 짧지 않은 기간을 증권업계에서 보낸 필자로서는 통탄하지 않을 수 없다. 이 모든 업보는 당연히 업계 모든 종사자가 지고 가야 하나, 최소한 주식투자와 투전과는 분명히 구분해줘야 하는 것이 아닌가 하는 생각이 들어 우선, 이 자리를 빌려 그 차이를 논해 보고자 한다.

첫 번째 차이 : 투전은 확률에 베팅하고 주식투자는 가치에 투자한다. 도박사들은 특정한 결과가 발생할 수 있는 확률을 알고 승패를 점치며 베팅한다. 그러나 주식시장에서 투자자들은 투자하는 대상기업가치를 보며 투자

할 뿐이며, 투자 성공의 확률에 대해서는 크게 개의치 않을 수 있다는 차이가 있다.

두 번째 차이 : 투전은 제로섬(Zero Sum)게임이고 주식투자는 윈윈게임이다. 노름판에서 누군가 돈을 따기 위해서는 누군가는 반드시 돈을 잃어야만 한다. 반면, 주식시장의 수익구조는 기본적으로 윈윈게임이다. 돈을 벌기 위해서 누가 꼭 누구를 이길 이유가 없고, 한 판의 승부에 올인할 필요도 없다.

세 번째 차이 : 투전은 오래 할수록 망할 확률이 높고 주식투자는 오래 할수록 성공할 확률이 높다.

도박장에서 운 좋게 돈을 벌더라도 오랫동안 남게 되면 대부분 패가망신으로 끝난다. 1980년에 100포인트에서 시작한 코스피지수가 지금은 2,000포인트를 넘나드니 배당을 고려하지 않아도 연평균 9퍼센트 정도는 수익을 올렸던 셈이다. 도박판에 30년간 남아 있었으면 연 9퍼센트의 수익을 올릴 수 있었을까?

네 번째 차이 : 투전에서 입은 손실을 복구하려면 새로운 자금이 필요하나 주식투자에서 입은 손실은 대부분 그냥 기다리면 된다.
도박에서 입은 손실을 복구하기 위해서는 또다시 돈을 들고 와서 새로운 도박을 해서 이겨야 한다. 그러나 주식투자로 손실을 봤더라도 처음부터 잘못된 투자가 아니었다면 대부분은 시간이 지나면 손실은 만회되기 마련이다.

다섯 번째 차이 : 투전판의 판돈이 저절로 늘어나는 경우는 없으나, 주식시장의 시가총액은 저절로 늘어나기도 한다 거울을 보고 혼자 고스톱을 쳐도 판돈이 줄어든다는 말이 있다. 투전판 속성이 원래 다수가 손실을 보고 소수가 독식하는 구조이니 잃은 사람들이 계속 새 돈을 부어 넣지 않으면 판돈은 늘어나지 않는다. 하지만 경제가 성장하고 기업 이익이 최소한 물가상승률 이상으로 늘어나면 시가총액은 자연스럽게 늘어나기 마련이다. 일단 기업가치가 상승하면 이른바 수급이 자연스럽게 따라오기 때문이다.

Chapter 6

살아남고 싶다면 움직여라

| 오마하 해변 상륙작전 |

• 큰 손해를 피하기 위해서는 움직여야 할 때도 있다 •

이 해변에는
두 종류의 인간만이
존재한다

적이 점령한 지역을

강습하는 상륙작전이 성공하려면 주도면밀한 전략, 타이밍, 그리고 적을 압도하는 물량이 필요조건이요, '행운'이라는 요인이 필수조건이다. 1944년 6월, 유럽대륙 침공을 눈앞에 둔 연합군에겐 무엇보다 이 '행운'이 절실했다. 지난 수년간에 걸쳐 철저하게 준비해왔지만, 여전히 독일군의 준비상태나 대응전략, 하다못해 날씨 등의 요인으로도 작전 결과가 많은 영향을 받을 수 있었기 때문이다. 오죽하면, 유럽 침공 작전을 총 지휘했던 미국의 아이젠하워 원수가 작전이 실패했을 때를 대비해 모든 책임은 지휘관인 자신에게 있다는 포고문을 따로 준비하기까지 했을까?

상륙작전이 위험한 가장 큰 이유는 아무리 많은 병력을 가지고 있더라도 한 번에 투입할 수 있는 병력이 운용 가능한 상륙정 수에 의해 제한되기 때문이다. 전문적인 용어를 빌리면 '병력을 축차적으로 투입해야 하는' 상황이 되는 것이다. 이렇게 되면 적은 병력을 지속해서 투입해 바닷가의 적을 제압해야 하므로 상륙 초기 피해가 매우 커질 수 있다. 특히, 상륙장비 수준이 열악했던 당시로써는 상륙지점에서 보병을 지원해야 하는 전차 등 중장비와 포병 화력의 운용은 매우 제한될 수밖에 없었다. 따라서 만일 목표로 하는 해안가에서 적이 충분히 대비하고 기다린다면, 상륙작전이 수행되는 해변은 순식간에 도살장으로 변할 수도 있는 것이다.

연합군 수뇌부의 우려에도 1944년 6월 6일에 진행된 유럽 본토 침공 작전인 '노르망디 상륙작전'은 뜻밖에도 큰 무리 없이 진행되었다. 당시 연합군은 5개의 해변을 통해 프랑스 노르망디 해안을 강습한다. 이 중 영국군과 캐나다군이 담당했던 3개 해변에서는 어느 정도 저항은 있었으나 그럭저럭 큰 피해 없이 상륙할 수 있었다. 미군이 담당했던 해변 중 하나인 '유타해변'에서는 항법상의 실수로 엉뚱한 해변에 상륙하는 바람에 오히려 손쉽게 작전에 성공하는 행운을 잡기도 한다. 문제는 역시 미군이 담당했던 '오마하 해변'에서 터졌다.

사실, 오마하 해변에 상륙한 미군은 그야말로 '운이 없었다'고밖에 할 수 없다. 우선, 그들이 상륙하는 지역에 상당한 화력을 보유한 독일군 사단이 주둔하고 있었던 것이 큰 불운이었다. 불과 상륙 며칠

전, 연합군 정보망은 오마하 해변지역에 강력한 독일군 부대가 활동하고 있음을 탐지해 냈으나 막상 상륙작전을 수행해야 하는 부대단위까지 이 정보는 전달되지 못했다. 또한, 많은 기대가 걸렸던 연합군 사전폭격도 여러 이유로 독일군 방어선을 약화시키는 데 실패한다. 즉, 사전 폭격이 엉뚱한 곳을 강타하는 바람에 독일군 방어선의 주요 거점들은 거의 피해를 받지 않았던 것이다.

설상가상, 보병과 함께 상륙하기로 한 탱크들도 상륙 도중 가라앉아 버리거나 잘못된 장소에 상륙해 결국 전투의 대부분은 보병들이 맨몸으로 수행해야 했다. 무엇보다 큰 문제는 높은 파도, 독일군이 설치해둔 장애물, 그리고 훈련되지 않은 상륙정의 운용 같은 요인들로 많은 보병이 해안가가 아니라 바닷속에 뛰어내려야 했다는 점이다. 허리까지 차오르는 바다에 내려 해안으로 천천히 걸어오는 보병들만큼 좋은 목표물들 독일군 기관총수들이 놓칠 리 없었다.

'라이언 일병 구하기'라는 영화를 본 독자분들이 많을 것으로 생각한다. 실제 1944년 6월 오마하 해변에서 그런 일이 벌어진 것이다. 사전 폭격으로 붕괴했을 것으로 예상했던 독일군 벙커들에서는 숨쉴 틈도 없이 기관총탄들이 날아오고, 각종 포탄이 해변에 마구 쏟아졌다. 더욱더 나쁜 일은 폭격과 포격이 초래한 혼란으로 바다에 있던 현장 연합군 지휘부에 해변의 상황이 제대로 전달되지 않은 것이다. 그러니, 이미 제1파만으로도 혼잡했던 해변에 아무것도 모르는 제2파가 밀려올 수밖에 없고 해안의 혼란은 더욱 가중됐다.

다수 장교가 전사하면서, 지휘관을 잃은 신출내기 병사들은 엄폐물 뒤에 모여 꼼짝도 못한 채 기도나 하거나, 이미 사상자가 되어 드러누워 있는 신세가 된다. 만일 이 상태에서 독일군이 전차를 몰고 반격이라도 해 온다면 예측할 수 있는 결과는 '전멸' 이외에 아무것도 없었다.

당시 독일군 예비병력의 위치를 고려할 때 충분히 가능했던 시나리오이기도 하다. 이 절체절명의 상황에서 겁에 질려 움직이지 않는 병사들에게 제16보병 연대장이었던 테일러 대령은 다음과 같이 소리친다.

'이 해변에는 두 종류의 인간들만 존재할 수 있다. 한 종류는 이미 죽어있는 인간들이고 다른 한 종류는 곧 죽을 인간들이다. 그러니, 병사들이여, 이 지역을 벗어나 전진하라'

몸 하나 숨길 데 없이 노출된 해변에서 갑자기 쏟아지는 총포탄을 만난다면 병사들 대부분은 엄폐물 뒤에 몸을 숨긴 채 움직이지 않으려 한다. 만일 적의 사격이 몇 발로 그치는 수준이라면 이 결정이 옳을 수도 있다. 하지만 적의 포탄이 낙하하고 있던 지역에서 꼼짝 않고 엎드려 있는 병사는 얼마 지나지 않아 사상자가 될 가능성이 매우 높다. 적의 포탄이 한 지역에 집중적으로 떨어진다는 것은 그곳이 곡사 화기의 사거리가 충분히 계산된 살상 지대라는 점을 의미하기 때문이다.

오마하 해변은 기본적으로 그리 넓은 공간이 아니다. 더욱이 상륙

투자, 전쟁에 묻다

당시의 혼란으로 해변은 병력과 장비로 꽉 찬 상태에서 혼란스럽기 이를 데 없었다. 즉, '대충 눈 감고 쏴도' 효력사가 되는 상황이었다고 할 수 있다. 독일군 또한, 이 지역이 잠재적인 적의 상륙지점이 될 것을 알고 있었기에 각종 곡사 화력의 거점과 해변과의 거리 및 방향을 상당히 정밀하게 측정한 상황이었다. 따라서 이미 조준이 맞춰져 있는 화기에 포탄을 장전하고 방아쇠를 당기면 되니 이보다 더 쉬운 전투가 있을 수 없었다.

오마하 해변의 미군들이 살아남아 다음 날 아침을 먹을 수 있는 유일한 방법은 포탄이 낙하하는 지역을 신속히 벗어나 해안가로 진격하는 것뿐이었다. 그러나 대부분 실전경험이 없는 풋내기 병사들에게 일어나 전진하라고 한들 명령이 그들 귀에 제대로 들어갈 리 없었다. 결국, 혼란한 상황에서 나름대로 실전경험이 있거나, 리더십이 뛰어난 병력이 앞장서 돌파구를 개척하면서 신병들을 이끌어 가야 했고 이 과정에서도 미군들은 상당한 사상자를 감수해야 했다. 당시 오마하 해변을 방어하던 독일군들은 충분히 해안에서 미군을 제압할 수 있다는 생각마저 했다 하니, 그만큼 당시 상황은 매우 심각했다. 하지만 시간이 지날수록, 수적으로 우세한 미군은 조금씩 돌파구를 마련하게 됐고, 상륙 첫날이 끝날쯤에는 그럭저럭 추가적인 병력이 상륙할 교두보를 만들 수 있었다.

큰 손해를 피하기 위해서는
움직여야 할 때도 있다

예기치 못한 장소에서 위험한 상황에 직면하면, 인간의 본성은 '꼼짝하지 말고 움직이지 마'라고 몸에 지시한다. 그래서 '몸이 얼어붙는다.' 혹은 '혼이 나간다.'는 표현이 있는 것이다. 그러나 거꾸로 생각해보면, 아무런 대응 없이 몸을 숨기기만 한다면 위험한 상황을 더 위험하게 만들 수 있다. 당장 위험에서 벗어날 수는 있겠지만, 그렇다고 그 위험이 없어지는 것은 아니기 때문이다. 가장 합리적인 선택은 잠시 숨어서 숨을 돌리더라도, 기회가 되면 과감한 행동을 통해 위험한 상황을 탈출하는 것이다.

투자, 전쟁에 묻다

사실, 당시 독일군은 오마하 해변뿐 아니라 미군의 다른 상륙 예정지였던 유타해변에서도 꽤 강한 방어선을 구축해 놓고 있었다. 만일 유타해변의 상륙이 예정대로 진행됐다면 오마하 해변 못지않은 참극이 발생했을 가능성도 상당히 높았다. 그러나 강한 해류와 항법 오류 등의 영향으로 미군은 예정했던 해변보다 상당히 먼 남쪽에 상륙한 것이다. 연합군으로서 다행인 것이 제1파가 잘못 상륙한 지점은 독일군 방어가 원래 상륙 예정지보다 상당히 가벼웠던 지역이었다. 물론 많은 혼란이 있었지만, 병력과 함께 상륙한 지휘관은 제2파를 원래 상륙지점이 아닌 제1파가 있는 지역으로 유도하는 데 성공했고, 미군은 상당히 적은 손해로 유타해변에서 교두보를 확보할 수 있었다.

무조건 장기투자가 정답인가?

자신이 투자한 종목에 난데없이 나쁜 뉴스가 나오면서 주가가 하락하기 시작하면 개인투자자 대부분은 넋 놓고 앉아 악재가 지나가기만을 기다린다. 이 전략이 반드시 나쁘다는 것은 아니다. 많은 경우, '지나가는 악재'이거나 그저 주가가 많이 올랐기 때문에 나타나는 단순한 기술적 조정일 경우도 있다. 그러나 '모든 나쁜 뉴스를 무시하고 주식을 무조건 들고 가는 것'만이 좋은 대안이 되는 것은 아니다. 앞서 설명한 대로 주가는 미래 기업가치에 대한 투자자들의 기대를 반영하는데, 이것이 너무나 많은 변수에 의해 영향받을 수 있기 때문이다. 즉 '기업의 미래'에 대한 인간군상들의 기대가 변하면 결국 주가는 변할 수밖에 없고, 큰 수익을 노리는 욕심쟁이들의 기대를 지속적인 호재로 만족시켜 주지 못하는 주가는 추세 하락의 길을 걸어갈 수도 있다.

주가가 하락하는 종목을 꼭 들고 가는 전략이 최선이 아닌 대표적인 경우가 바로 경기 민감 주(株)에 대한 투자다. 대표적인 경기 민감 업종이라면 항공·운수, 화학, 철강, 자동차, 건설 등을 들 수 있는데, 이 업종들의 공통적인 특징은 기업 실적이 경기 사이클의 부침으로 매우 강한 영향을 받는다는 사실에 있다. 아래 예는 OECD경기선행 지수와 운순·창고업종 지수의 추이를 비교한 차트다.

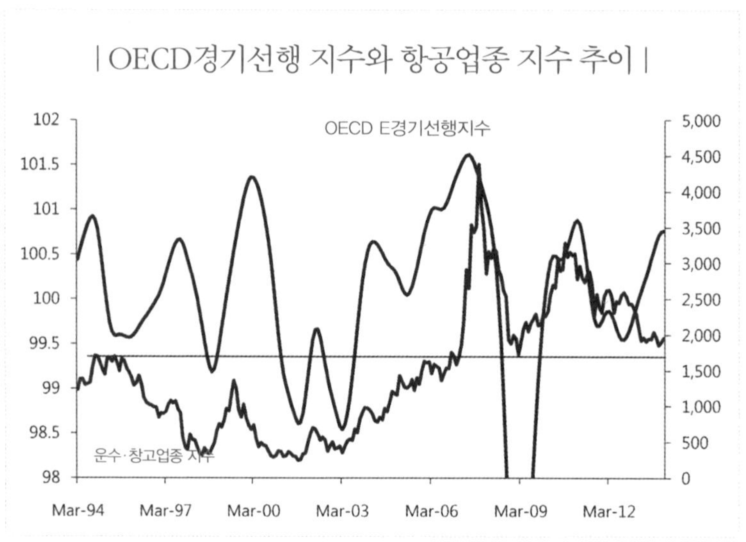

투자, 전쟁에 묻다

위 차트에서 나타나듯 경기 민감 주들의 주가는 장기적인 추세가 없이 글로벌 경기 순환에 의한 등락만을 거듭하는 경우가 많다. 특히, 항공·운송 등과 같이 한 번 완성된 경쟁구조가 깨지기 어려운 업종에서 이런 경우가 자주 나타나는데, 이는 결국 기업가치를 변동시키는 주요 변수가 기업 내부 경쟁력이 아니라 시장 요인이라는 점을 투자자들이 충분히 인지하고 있기 때문이다. 고만고만한 경쟁력에, 업체별로 크게 변하지 않는 시장점유율, 그리고 큰 혁신이나 성장을 기대하기 어려운 경기 민감 업종이라면 무조건적인 장기 투자보다는 경기 국면별로 짧게 끊어 매매하는 전략이 우월한 성과를 가져올 수 있다.

무조건적인 장기투자가 성립하지 않는 두 번째 경우가 바로 기업 펀더멘털의 변화가 주가에 반영되는 경우다. 아래는 우리나라의 대표 철강업체인 포스코(POSCO)의 주가와 영업이익 추이를 비교한 차트다.

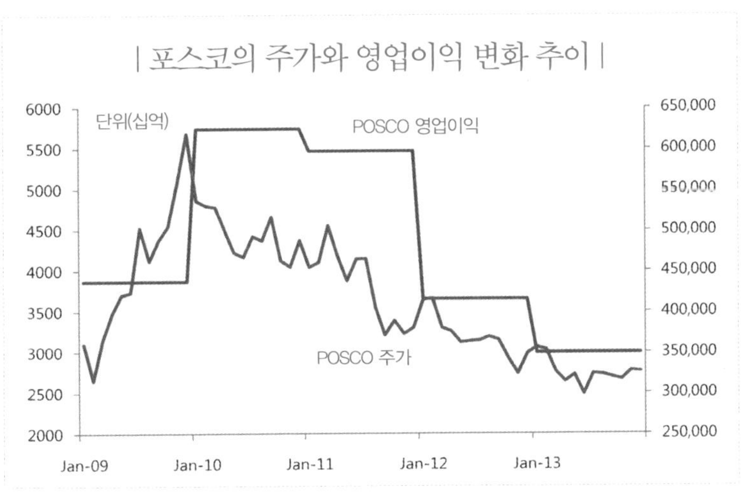

Chapter 6 : 살아남고 싶다면 움직여라 오마하 해변 상륙작전

포스코라면 워런 버핏이 투자할 만한 우리나라에서 몇 개 안 되는 종목으로 알려질 만큼 '우량주' 이미지가 강한 종목이다. 그러나 아무리 저평가된 우량종목이라도 투자자들이 기대했던 만큼 실적이 나오지 않으면 주가가 움직일 수 있는 방향은 '아래쪽' 하나밖에는 없게 된다. 특히, 위 차트에서 주목할 점은 실제 실적이 망가지기 시작한 시기가 2012년부터였으나, 주가 하락은 2010년부터 시작됐다는 사실이다. 즉, 실적 악화를 확인하기 전에 이미 주가가 이를 먼저 반영하여 미리 움직인다는 이야기다. '펀더멘털'에 의문이 가는 종목에 장기투자하면 안 되는 이유가 바로 여기에 있다.

많은 개인투자자가 2010~2011년에 포스코 주가가 실적 대비 너무 많이 하락했다고 생각했을 가능성이 짙다. '주가가 많이 하락했더라도 실적이 굳건하니 어차피 장기적으로 투자할 거라면 그냥 들고 가도 괜찮다'는 생각을 충분히 할 수 있는 것이다. 그러나 시장의 '주포'라고 할 수 있는 기관이나 외국인 투자자들은 현재 실적이 아니라 미래 실적에 훨씬 더 큰 관심을 둘 수밖에 없다. 당장 실적이 좋은 종목이라도 미래 실적에 대한 전망이 어두우면 주요 수급세력들의 관심권에서 벗어나게 되고, 결국 '주가는 싸나 더는 상승할 이유가 없는' 재미없는 신세로 전락할 가능성이 높아진다.

무조건적인 장기투자가 성립되지 않는 세 번째 경우는 누차에 걸쳐 설명한, 테마주의 수급이 붕괴한 때다.

투자, 전쟁에 묻다

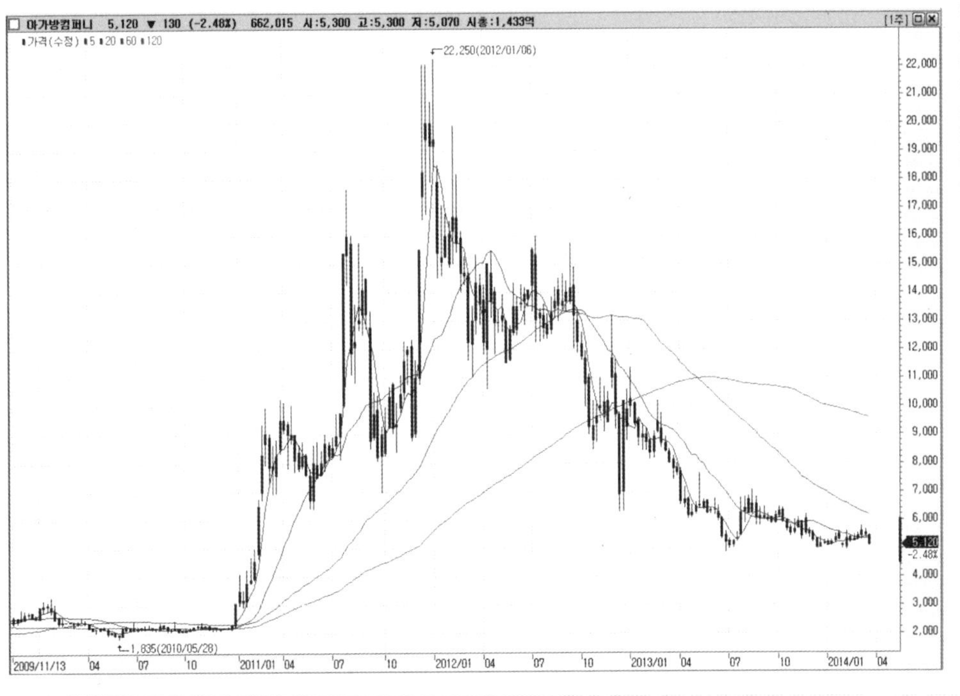

위 종목은 테마주가 한창 명성을 날리던 2011~2012년 사이, 대
표적인 정치 테마주 중 하나다. 이 종목이 상승한 이유는 그저 정부의
출산장려 정책의 수혜주가 될 거라는 정도였는데, 그것도 일단 수급
을 앞세워 주가가 상승하니 시장 호사꾼들이 나름대로 만들어서 붙
여준 소설 같은 스토리인 것으로 판단된다. 이 종목은 이미 2011년
주가가 12,000원일 때, 기업가치가 '어이없을 정도로' 높았는데 당시

127

실적 기준으로 예상 PER 30배, PBR 2.5배 이상이었다. 참고로 당시 우리나라 시장 평균 기업가치는 코스피 기준 PER 10배, PBR 1배 내외였다. 이렇게 기업가치 대비 이해 못 할 정도로 높았던 주가가 또다시 1만 원이 더 올라 2만 원을 웃돌았으니, 그때부터는 이 기업의 '가치'를 아예 논할 이유가 없어진 셈이다. 누가 봐도, 정상적으로 기업가치를 반영하는 주가라고 믿기 어려운 수준에서 갑자기 주가가 하락하기 시작한다면 당연히 저가매수에 나설 매수주체가 나타날 리 없다.

배신과 징벌의 지표인 '삼봉형'

나쁜 뉴스로 주가가 하락하고 있는 종목을 들고 갈 것인가, 말 것인가의 문제는 길게 보면 종목의 펀더멘털이 해답을 줄 것이나, 단기적으로는 수급이 주가의 향방을 결정할 가능성이 높다. 조금이라도 주가가 흔들릴 것을 기다리는 매수세가 조기에 유입된다면 주가는 조기에 반등할 것이고, 반대로 평소 주가에 대해 매우 불안해하고 있는 세력들이 일시에 물량을 던지면 주가는 더 크게 하락하기 때문이다. 결국, 수급을 움직이는 주체들이 평소 이 종목을 어떻게 생각했고, 또 과거 어떻게 매매해왔는지 살펴보는 것도 매우 중요한데, 이를 보려면 아무래도 기본적 분석보다는 차트를 보는 기술적 분석이 적합하다.

투자, 전쟁에 묻다

기술적 분석으로 가장 주의해야 할 패턴이 바로 '삼봉형(Head & Shoulder)'이다. 삼봉형은 추세하락의 시작을 암시하는 대표적인 패턴으로, 이 패턴이 나타났을 때 진짜 그 종목을 보유하고 있어도 괜찮은지 전문가와 이른 시일 안에 상담해 볼 것을 권한다. 기본적으로 고점을 사이에 두고, 양쪽에 작은 어깨들이 나타나는 패턴이며(그 어깨의 수가 꼭 하나일 이유는 없다) 이 어깨들의 저점을 연결하는 지지선이 붕괴하면 패턴의 완성으로 보면 된다.

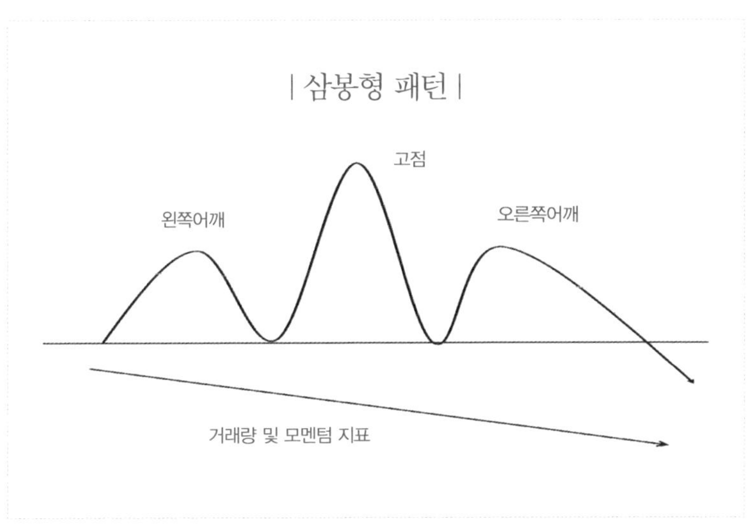

삼봉형의 몇 가지 중요한 특징들을 정리하면 아래와 같다.

1. **고점을 중심으로 왼쪽과 오른쪽에 거의 같은 형태의 '어깨'가 만들어
   진다.** 왼쪽 어깨와 오른쪽 어깨의 고점은 거의 같다. 왼쪽과 오른쪽
   어깨 수가 꼭 각각 하나일 이유는 없다.

2. **거래량과 모멘텀지표**(주가 상승의 강도를 의미하는 보조지표)**는 오른쪽이**

왼쪽 어깨보다 현저하게 낮게 형성되는 경우가 많다.

3. 왼쪽 어깨와 오른쪽 어깨의 저점을 연결하는 지지선이 무너지면 삼봉형이 완성되며 주가의 추세적 하락 가능성이 높아진다.

삼봉형 패턴이 나타나는 이유는 무엇인가? '재료'를 무기로 주가가 상승했던 종목이 실제 투자자들이 기대했던 수준의 성과를 보여주지 못했기 때문일 경우가 많다. 즉, 특정 종목이 뭔가 좋은 뉴스와 재료를 가지고 있음을 눈치채고 그 종목을 매집했던 수급주체의 기대를 만족시켜주지 못해(배신), 어쩔 수 없이 철저히 '손을 털고 나갈 수밖에 없을 때(징벌)' 주로 나타나는 패턴이 삼봉형이다. 노출된 재료는 매우 실망스럽고, 더 나올 재료도 마땅치 않은 상황이 되면 수급주체는 매집 물량을 줄여나갈 시기와 방법에 대해 고민을 할 수밖에 없기 때문이다.

위 차트는 국산 휴대폰 업계들에 대한 기대심리가 절정에 이르렀던 2013년 상반기에 고가 휴대폰 출시에 대한 기대감으로 주가가 크게 상승했으나, 막상 내놓은 휴대폰 판매량과 특히 마진이 생각보다 저조했던 것으로 점차 나타나면서 주가가 급락한 경우다. 이렇듯 한번, 큰 기대심리로 주가가 상승했던 종목에서 삼봉형 패턴이 나타난다면 기관, 외국인 등 수급주체의 이탈이나, 실적 및 재료의 성과 등이 기대에 미치지 못할 가능성 등을 종합적으로 점검해볼 필요가 있겠다.

말 많은 개인투자 

아래는 2013년 5월 16일 자, 언론기사 내용이다.

'개인투자자들은 목표한 투자성과를 이루기 위해서 올바른 투자 계명을 지키고, 반대로 나쁜 투자습관을 버리는 것을 중요하게 여긴다. 투자 실패의 원인 중 하나가 자신의 잘못된 투자습관에서 기인한다고 여기기 때문이다. 그러나 잘못된 투자습관을 개인투자자가 모르는 것이 아니다. 알면서도 지키기 어렵다는 것이 문제다. 그렇다면 개인투자자가 지키기 어려운 잘못된 투자습관은 어떤 것들이 있을까? 증권사이트 팍스넷(paxnet.co.kr)은 개인투자자 대상으로 이달 13일부터 15일까지 '지키기 어려운 잘못된 투자습관'에 대해서 설문조사를 했다. 그 결과 설문에 참여한 응답자 556명 중 153명(27.5퍼센트)은 '손절매를 하지 않는다'는 점을 가장 많이 꼽았다. 손절매란 앞으로 주가가 더욱 하락할 것으로 예상, 가지고 있는 주식을 매입가격 이하로 손해를 감수하더라도 파는 일이다. 그렇게 하지 않으면 손실을 더욱 키우거나, 손실을 본 상태에서 장기간 보유하게 되는 문제가 발생할 수 있다.'

| 아시아 경제 2013년 5월 16일 |

결국, 개인투자자들은 손절매의 필요성에 대해 모르는 것은 아닌 것으로 판단된다. 다만, 알면서도 행동으로 옮길 수 있을 만큼 매매에 대해 확신하지 못하는 것이 문제라고 할 수 있다.

투자, 전쟁에 묻다

Chapter 7

때늦은 후회가
투자 탄력성을 키운다

| 나치 선전상 괴벨스 |

• 개인투자자들의 반복되는 실패 원인 •

증오와 편견으로
얼룩진 총력전의
이데올로기

인간의 본성 속에는

자신의 무책임과 나태가 초래한 결과를 남 탓으로 돌리려는 욕구가 잠재했다고 한다. 아침에 지각했을 때, 알람을 제대로 맞춰 놓지 않았던 자기 실수보다는 오늘따라 유난히 늦게 온 전철 기관사 탓을 하는 경우가 대표적이다. 이런 '남 탓'이 개인적인 문제로 그치지 않고 국가 전체의 불행과 연계된다면 많은 사람이 골치 아파할 만한 사태로 발전할 수 있다.

어떻게 보면 '제2차 세계대전'이 발발했던 가장 큰 원인 중 하나가 바로 이 '남 탓'이라고 할 수 있다. 제1차 세계대전에서 패한 이후 독일 국민은 빈곤과 살인적인 인플레이션의 고통을 짊어져야 했다. 이 때 등장한 '유대인 탓'이라는 교묘한 선전·선동이 없었던들 히틀러가 집권하기는 상당히 어려웠을 것이다. 당장 일거리가 없어 거리에 나앉아야 했던 독일 소시민에게 '미국에서 촉발된 대공황이 독일 경제 및 노동시장에 미치는 영향'에 대해 열심히 설명한들, 그들이 관심을 기울일 가능성은 매우 낮다. 그러나 '당신과 당신이 그토록 사랑했던 독일이 이토록 비참해진 이유는 저 더러운 유대인과 유대인 자본들의 농간 때문이다.'라고 주제를 돌리면 큰 공감을 매우 쉽게 얻어낼 수 있었던 것이다.

경제적으로 절망상태에 빠졌던 독일 국민에게 '독일을 바로잡기 위해서는 유대인부터 없애야 한다'는 메시지를 전달하고, 이를 통해 히틀러의 권력을 공고히 하는 데 가장 크게 기여했던 사람이 바로 '괴벨스'라는 작자였다. 사실, 아무리 '먹혀들 만한 이야기'라도 히틀러가 직설적으로 '당신들의 불행은 모두 저 유대인들 탓이니, 유대인들을 몰아냅시다'라고 유세했다면 대중의 지지를 얻기는 쉽지 않았을 것이다. 독일 국민의 불만이 유대인들 쪽으로 움직일 수 있는 최선은 선전·선동활동이었다. 그리고 괴벨스는 이 역할을 아주 충실하고 효율적으로 수행했다. 따라서 괴벨스는 유대인 박해, 즉 홀로코스트에 관한 일차적인 책임을 져야 할 몇 사람 중 하나다.

적절한 선전·선동으로 독일 국민의 마음을 움직이는 괴벨스의 재능은 제2차 세계대전이 후반으로 치달을수록 점점 진가를 발휘한다.

투자, 전쟁에 묻다

전선과 멀리 떨어졌다고 해도 1943년 이후 독일 일반 국민이 겪는 고통은 상당한 수준이었다. 각종 생필품이 턱없이 부족했음은 물론, 밤낮을 가리지 않는 연합군 폭격으로 실제 생명까지 위협받는 지경이었다. 여기에 전선에서도 연일 패전소식만 들려왔으니, 누구의 관점에서 보더라도 독일의 승전 가능성은 극히 희박해 보였을 것이다.

이런 상황에서 괴벨스가 내세운 선전·선동의 재료는 두 가지였다. 하나는 이른바 '비밀무기 이론'이다. '지금은 독일군이 사방에서 밀리는 형국이지만, 히틀러가 예전부터 준비하고 있던 비밀무기가 완성되기만 하면 전세는 일시에 뒤집힐 것'이라는 거짓 주장이었다. 독일 공군이 비밀리에 개발하고 있는 제트기가 완성만 되면 연합군 폭격기들을 하늘에서 몰아낼 수 있다고 이야기한다든가, 개발 중인 전차만 완성되면 소련군 따위는 전혀 문제가 되지 않는다는 식이다. 물론, 말 자체가 성립되지 않는 거짓 주장이지만, 당시 지푸라기라고 잡고 싶었던 독일 국민으로서는 실낱같은 희망이라도 걸어볼 수 있는 달콤한 속삭임이 아닐 수 없었다.

괴벨스가 내놓은 두 번째 선전·선동의 재료는 '유럽문화의 수호자 이론'이다. 상당히 자기중심적인 주장이기는 하나, 있는 그대로 이야기한다면, '소련의 볼셰비즘으로부터 유럽문화를 구할 수 있는 민족은 독일민족밖에 남아 있지 않으므로 끝까지 싸워야 한다'고 정리할 수 있겠다. 애초 유럽 전체를 전쟁의 불구덩이로 몰아넣은 사람들이 대체 누구냐?'라고 되물어 왔을 때, 도저히 대답할 방법이 없었을 것

같건만, 전쟁 말기 독일 국민에게는 나름 먹혀들었던 선전이었다고 한다.

그러나 아무리 괴벨스의 선전·선동이 뛰어났어도 압도적인 차이의 전력과 물량으로 밀고 들어오는 연합군을 막을 방법은 없었다. 세치 혀로 신무기를 만들어 낼 리도 만무했고 독일 국민의 결사항쟁 의지를 고양해봤자 더 많은 폭탄이 독일영토로 떨어질 뿐이었으니 말이다. 그는 마지막 순간까지 나치의 광기를 목소리에 담았고, 그렇게 열성 나치로 죽어갔다. 그러나 그 때문에 죽어나간 죄 없는 유대인들, 그리고 그가 약속했던 신무기를 믿고 끝까지 전선을 사수하다 쓰러진 독일 소년들의 생명에 대한 책임까지 함께 회피한 결과이니, 어쩌면 그에게는 죽음만이 가장 택할 만한 솔루션이었을지도 모르겠다.

말 많은 2차 세계대전

2차대전이 끝나갈 무렵, 많은 히틀러 측근들은 전후에도 자신의 목을 보전하려는 방안들을 마련하는 데 혈안이 되어 있었다. 가장 염치없는 경우가 바로 SS 수장이었던 하인리히 히믈러일 것이다. 대전 기간 그가 책임지고 있었던 나치 친위대, 즉 SS는 민간인과 연합군 포로들에 대한 학살행위들을 아무 거리낌 없이 저질러 연합국으로부터 준 범죄집단 취급을 받았다. 그럼에도 그는 소련군 탱크가 베를린으로 접근하자, 중립국을 통해 연합국과의 협상을 제안하는 몰염치한 짓을 저지른다. 물론, 연합국은 그 제의를 단호히 거절했고, 그는 자살로 인생을 마감했다. 세계에서 가장 명예롭고 용감한 군인처럼 행동했던 괴링도 일단 도주했다가 종전 후 연합군에 자수한다. 그리고 뻔뻔스럽게도 전범재판장에서 장황하게 자신을 변호하다 '피고는 닥치고 예, 아니오로만 대답하시오'라는 꾸중을 듣기도 했다.

투자, 전쟁에 묻다

그러나 마지막까지 히틀러의 곁을 지켰던 사람이 있었으니, 그 사람이 바로 선전상이었던 요제프 괴벨스였다. 히틀러를 제외한 거의 모든 독일의 지도부가 '알아서' 베를린을 빠져나가고 있던 그 순간에도 그는 반대로 자기 가족을 히틀러의 벙커로 데리고 들어오는 충성심을 보여 주었다. 그리고 마지막 순간이 닥치자 여섯 명에 달하는 자녀를 먼저 살해하고 부인과 함께 스스로 생명을 끊었다. 누군가 같이 베를린을 탈출하자고 제안했을 때, 그는 '선장마저 침몰하는 배를 포기해서는 안 된다'고 말하며 조용히 자리를 지켰다고 한다. 스스로 자녀의 목숨을 끊는 순간까지 자신이 역사의 정도를 걸었다고 믿었다 하니, 인간의 광기가 어느 수준까지 발전할 수 있는지 짐작할 수 있는 대목이다. 아마, 지옥에서 히틀러를 다시 만난 괴벨스는 이렇게 말했을지도 모른다.

'총통 각하, 그러기에 제가 말씀드렸지 않습니까? 히믈러(친위대 사령관), 괴링(공군장관), 되니츠(해군장관)……. 모두 믿을 만한 놈들이 아니라고 말입니다. 총통각하의 에이스는 예나 지금이나 바로 저입니다.'

개인투자자들의
반복되는 실패 원인

1980년 코스피 지수는 100포인트에서 출발했다. 그 이후 지속해서 상승, 2014년 1월 1월 기준으로 코스피 지수는 2013포인트이다. 34년의 기간 동안 연평균 9.2퍼센트씩 상승한 셈이다. 미국 주식시장의 황금기라고 할 수 있었던 1980년~2000년의 기간을 포함하여, 1980년~2014년의 기간 동안 미국 주식시장의 기준지수인 S&P500지수는 연 8.7퍼센트 상승했다. 즉, 출발 이후 34년의 기간 동안 코스피 지수 상승률은 결코 미국시장의 상승률에 뒤지지 않았다. 그리고 늘어나는 시가총액에 걸맞게 주식투자 인구도 상당히 늘어났음이 사실이다.

그러나 여기저기 다니며 들어보면, 주식투자로 돈을 벌었다는 이야기보다는 돈을 잃었다는 소리가 훨씬 더 많다. 왜 그럴까? 미국에서는 주식투자가 자산을 증식하는 좋은 수단으로 자리 잡았는데, 우리

나라에서는 왜 주식투자에 대해 '잘못하면 패가망신의 지름길'이라
는 식으로 주식투자의 위험만 강조되고 있는 것일까? 심지어 결국 장
기적인 수익률을 보면, 우리나라 주식시장의 수익률이 미국 시장의
수익률보다 더 높음에도 말이다. 필자는 아래 차트가 위의 질문에 대
한 해답을 제공하고 있다고 생각한다.

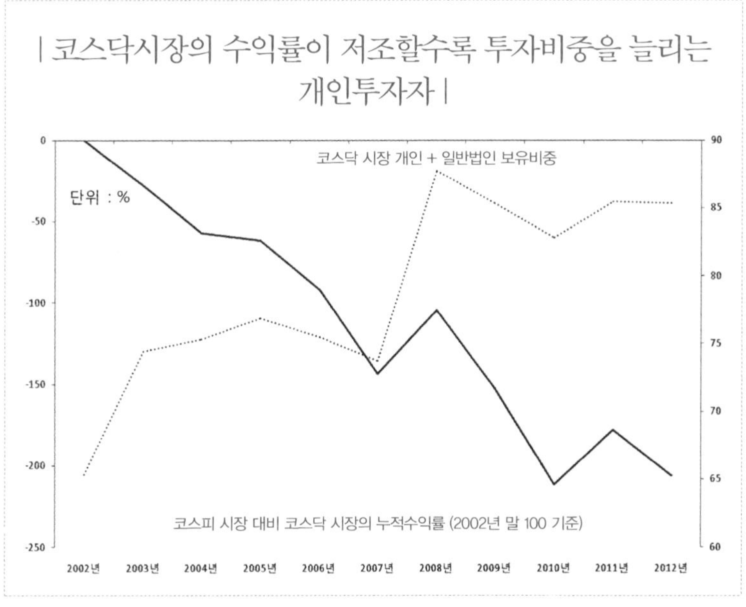

| 참고자료 : 한국증권 선물거래소 |

위 차트는 2002년 이후 코스피 지수와 코스닥 지수 간 수익률 차
이 및 개인과 일반법인의 코스닥 보유비중 추이를 나타내고 있다.
2002년 1월 코스피 지수와 코스닥 지수는 각각 698포인트와 732포

인트로 출발했다. 2014년 1월, 코스피와 코스닥 지수는 각각 2013포인트와 502포인트다. 코스피 지수가 188퍼센트 상승하는 동안 코스닥 지수는 30퍼센트 하락한 셈인데, 이렇게 되면 12년간 두 지수의 수익률 격차는 220퍼센트로 커진다.

그럼, 이렇게 말이 안 되는 수준으로 코스닥시장의 수익률이 코스피시장 대비 떨어지는 동안 개인투자자들은 어떻게 행동했는가? 코스닥시장의 개인과 일반법인 보유비중은 2002년에 65퍼센트 수준에서 2013년에는 84퍼센트 정도까지 상승하였다. 즉, 개인투자자들은 지난 11년 동안 지속해서 하락하는 시장의 투자비중을 늘려온 셈이다. 가격이 올라가는 자산은 팔고 가격이 하락하는 자산을 집중 매집하니 수익을 내려야 낼 방법이 없고, 개인투자자 중 되레 손실을 본 투자자 비중이 높음은 당연하다.

왜 이런 일이 발생했는가? 필자의 관점에서 볼 때 가장 큰 문제는 '투자 문화'에 있다. 원래 주식이라는 자산은 기업의 가치를 반영할 수밖에 없으므로, 좋은 수익을 올리기 위해서는 좋은 기업을 선별하는 안목이 대단히 중요하다. 그러나 언제부터인지 우리나라 주식시장에서는 '좋은 기업을 고르는 문화'는 점차 보이지 않게 되고 '무한한 단기수익률 경쟁'만이 남아 있는 듯하다. 이런 잘못된 '투자 문화'의 대표적인 사례들이 바로 앞 장들에서 언급한 '개인투자자들의 대표적인 실패 원인'들이다.

투자, 전쟁에 묻다

1. **기업내용에 대해 전혀 몰라도 괜찮다고 생각하는 문화** : 실패하는 개
   인투자자들은 자신이 투자하는 기업에 대해 자세히 알려보려 하지
   않는다. 알아보려 하지 않을 뿐 아니라, 기업의 내용에 대해 전문적인
   분석을 할 수 있는 조언자들의 도움마저 필요 없다고 생각한다. 이것
   은 마치 전쟁터에 나가면서 지도를 챙기지 않는 장군과 같은 실수다.

2. **가격이 하락하는 나쁜 종목에만 관심을 지니는 문화** : 실패하는 개인
   투자자들은 이기기 어려운 베팅에 집착하는 경향이 강하다. 펀더멘
   털이 나빠지는 종목의 주가가 추세적으로 하락하는 것은 당연한 현
   상이다. 그럼에도 '손실이 아까워서', 혹은 '그냥 단순한 오기'로 내려
   가는 종목을 끝까지 붙들고 있는 것이다.

3. **단기매매로 리스크를 관리할 수 있다고 생각하는 문화** : 개인투자자
   들은 단기매매로 가격 변동성이 가져오는 리스크를 관리할 수 있다
   고 생각한다. 그러나 단기매매는 손실의 위험뿐만 아니라 큰 수익의
   기회까지 함께 줄이는 치명적인 결함이 있다. 단기매매를 많이 하다
   보면, 변동성이 큰 종목들만 매매하는 습관을 지니게 돼 오히려 투자
   의 위험을 늘리는 요인으로 작용할 수 있다.

4. **차트만으로도 충분히 주가를 예측할 수 있다고 생각하는 문화** : 많은
   개인투자자들은 스스로 모든 정보를 해석하고 분석할 수 있으며, 자
   신이 기업분석에 전문적인 애널리스트들보다 더 많이 알고 있다고
   생각한다. 그리고 과거의 가격을 나타내는 차트로 미래의 가격을 예
   측할 수 있다고 믿는 경향이 강하다. 그러나 개인투자자들이 수차례
   에 걸쳐 매매에 성공하였더라도, 그것은 매매 기술이 아니라 단순한

행운일 가능성이 높다.

5. **지극히 비상식적인 기대가 현실화할 수 있다고 생각하는 문화** : 개인 투자자들이 투자에 실패하는 큰 원인 중 하나는 도저히 말이 되지 않는 비상식적인 일이 현실화할 수 있다고 믿는 현상이다. 각종 테마주들이 가장 좋은 예이다. 실제 기업 내용과는 아무 관계도 없는 테마에 의해 주가가 출렁이는데 여기에 부화뇌동하는 매매하니, 수익을 내기 어려운 것이다.

6. **주가가 하락하면 무조건 '장기투자'를 외치는 문화** : 개인투자자들은 뜻밖으로 손절매에 인색한 때가 있다. 즉, '단기적으로 보고 주식을 매수'하였다가 주가가 하락하면 갑자기 워런 버핏도 울고 갈 만한 장기투자자로 변신하는 것이다. 그러나 워런 버핏의 장기투자가 성립하려면 해당 기업의 펀더멘털이 지속해서 좋아진다는 전제조건이 필요하다. 즉, 기업의 펀더멘털이 계속 나빠진다든가 혹은 이미 가격이 버블 수준까지 상승한 종목의 주가가 하락한다든가, 하면 손절매가 필요하다.

이상의 요인들을 살펴보면 왜 개인투자자들 간에 '돈을 많이 벌었다'는 말보다 '주식에 투자했다가 큰 손해만 봤다'는 이야기가 많은지 충분히 알 수 있다. 결국, 주식투자로 수익을 내려면 잘못된 투자습관부터 고쳐나가야 한다. 그럼, 수익을 내는 투자습관이란 무엇인가? 여기에 대해서는 다음 장부터 설명하도록 하겠다.

Chapter 8

오늘을 극복할 때만 가치가 있는 내일

| 전격전의 혁신 1940년 프랑스 전투 |

· 혁신에 투자하라 ·

과거의 악몽에
집착한 자와
과거의 악몽을
극복한 자

'The Great War'로

알려진 제1차 세계대전은 유럽국가들 지우기 어려운 깊은 상처를 냈다. 승전국이고 패전국이고 할 것 없이 한 세대에 해당하는 수의 젊은 이들이 포화에 사라졌고, 국고는 바닥난 지 오래였음은 물론, 전쟁으로 얻은 것은 막대한 '빚더미' 말고는 없었다. 1920년~1930년대, 유럽의 군사전략가들이 직면했던 큰 과제는 '어떻게 하면 1차 세계대전에서 겪었던 무의미한 희생 없이 다음 전쟁에서 승리할 수 있는가?'라는 질문에 대한 답이었다. 그리고 이 질문에 프랑스와 독일이 내놓은 대답은 매우 달랐다. 마침내 그 대답의 차이점은 그다음 전쟁인 제2차 세계대전의 승패를 가르는 결정적 변수로 작용한다.

프랑스가 선택한 방법은 '과거의 교훈을 충실히 따른다'였다. 제1차 세계대전 중 견고하게 구축된 독일군 진지에 무모한 공세를 펼치면서 프랑스군은 버티기 어려운 수준의 막대한 인명피해를 감수해야 했다. 따라서 1920년~1930년대, 프랑스군이 택한 기본적인 전략은 '방어'였다. 제1차 세계대전 중 큰 피해는 공격하는 쪽이 훨씬 많았기 때문이다. 이런 경험에 근거해, 프랑스는 독일과 프랑스 간 국경선을 따라 매우 강력한 방어선을 구축했다. 만일, 다음 전쟁에서 독일이 또다시 프랑스를 침공한다면 강력한 벙커와 참호 안에 숨어 다가오는 독일군을 학살한다는 전략으로서, 이 전략의 궁극적인 생성물이 바로 그 유명한 프랑스의 '마지노 방어선'이다.

프랑스의 해결책이 소극적인 현실 안주형 대안이라면 독일이 내놓은 해법은 적극적인 극복형 대안이라고 할 수 있다. 독일이 선택한 '제1차 세계대전의 피해를 반복하지 않는 방법'은 '과거의 실수를 저지르지 않는다'였다. 독일군 참모들의 관점에서 보면, 제1차 세계대전에서 패할 수밖에 없었던 이유는, 전쟁 초기 프랑스의 항복을 신속하게 받아내는 데 실패했기 때문이다. 즉, 독일의 국력이 그리 강하지 못했고, 특히 국외로부터의 지원을 기대하기 어렵다는 약점이 있었음에도 속전속결에 실패했다는 점이 패전의 가장 큰 이유라는 것이다. 이런 실수를 반복하지 않는 방법은 '기습을 통해 적 전선을 돌파하고, 이렇게 발생한 돌파구를 신속하게 확대해 적을 후방으로부터 무너트리는' 전략이었다.

히틀러의 집권 이후 재무장의 길을 선택한 독일은 영국과 프랑스가 다시 손을 잡는다면 물량으로 그들을 제압할 만큼 방대한 규모의 군대를 육성하기는 불가능하다는 사실을 잘 알았다. 그래서, 전쟁을 준비하는 독일군 전략의 목표는 전투를 통해 적을 섬멸하는 데 있다기보다는, 적 지도부의 전쟁 수행 의지를 꺾어버림으로써 조기에 휴전 협상에 응하도록 강요하는 데 있었다고 할 수 있다. 이러한 획기적인 전략을 수행하기 위해 독일군이 주목했던 요소는 다음의 2가지이다.

우선, 기갑 전력에 대한 운용 전략을 획기적으로 바꿨다. 현대의 탱크는 덩치만 수십 톤에 이르는 육상전투의 제왕이지만, 당시만 해도 무게는 수 톤 내외에 무장도 기관총 한두 정에 불과한 장갑차량 수준에 지나지 않았다. 독일을 제외한 다른 나라에서는 탱크를 보병 지원화기 수준으로 취급해, 일선 보병부대에 '몇 대씩 나눠주는 수준'으로 운용했다. 그러나 독일군은 제한된 지역에서 탱크를 집중적으로 운용할 시 적 방어선을 쉽게 돌파할 수 있다는 점을 깨우치고, 탱크를 집단으로 운용하는 '기갑사단'의 개념을 현실화했다. 한마디로 정리하면, 탱크를 몇 대 단위로 운용하면 금방 적 화력의 집중포화로 격파낭하기에 십상이지만, 제한된 지역에서 집단으로 운용하면 오히려 적의 화력을 압도하며 적을 패닉상태로 몰아 놓을 수 있다는 발상이다. 그리고 이렇게 탱크를 집단으로 운용하여 적의 전선을 돌파하는 역할을 담당하는 기갑사단을 핵심전력으로 편제화하고, 그 이전 전쟁의 주역이었던 보병과 포병은 기갑사단을 보조하는 지원부대로서 역할을 부여했다.

　다음은 공군 운영이다. 영국과 프랑스에 공군은 적의 도시와 주요 거점을 폭격하는 '전략적인' 수단이었다. 따라서 공군전력의 왕자는 수 개의 엔진을 가지고 있으며, 대형폭탄을 달고 장거리를 왕복하는 '전략폭격기'였다. 반면, 독일군은 육군에 대한 공군의 근접지원 역할을 매우 강하게 강조한다. 즉, 공군의 역할은 전선에서의 제공권을 보장하고 적의 거점들을 분쇄함과 동시에, 적의 보급선을 교란하여 기갑사단이 순조롭게 진격할 수 있도록 지원한다는 것이다.

　유럽의 다른 국가들이 덩치가 큰 폭격기들을 생산하는 동안, 독일은 덩치는 작지만, 실전에서 융통성 있게 활용할 수 있는 근접 지원기의 생산에 주력했다.

　1940년 5월, 기갑사단을 앞세운 독일군이 벨기에를 통해 프랑스를 침공했을 때, 프랑스와 영국군의 규모는 독일군에 비해 절대 열세는 아니었다. 그러나 방비가 허술했던 아르덴(Ardennes) 지역으로 독일군 기갑부대가 쏟아져 들어오자 이내 연합군 방어선에 큰 구멍이 난다. 아르덴 지역의 방비가 허술했던 이유는 워낙 산림지역이었기에 대규모 부대가 이동하기에 적합하지 않으리라는 연합군 판단 때문이었다.

　당시 상당수 프랑스군 주력부대는 마지노선에 들어앉아 오지도 않을 독일군을 기다리고 있었으며, 독일군 진격속도는 이 부대들이 재편하여 구멍 난 전선을 틀어막을 여유를 허용하지 않았다. 이렇게 되니, 예비병력을 집결해 일관된 방어선을 구축하기보다는 그때그때 가용한 병력을 축차적으로 독일군에 던지며 독일군의 진격속도가 늦춰지기만을 희망하는 수밖에 다른 도리가 없었다. 간혹, 예비대를 긁어모아 반격을 시도하기도 했으나, 이내 나타나는 독일공군의 공격으로 프랑스군의 저항은 순식간에 분쇄된다. 무엇보다 문제는 독일군의 진격속도가 연합군의 예상보다 너무 빨라 대체 어디서 어떤 방법으로 방어선을 구축해야 하는지 연합군 수뇌부가 감을 잡을 수 없었다는 데 있었다.

독일군과는 달리 연합군은 전차가 각 부대 단위로 분산 배치돼 있었기 때문에, 기갑 전력을 앞세운 반격에 나서기가 쉽지 않았다. 공군 운영에서도 큰 차이가 났는데, 연합군 폭격기들은 독일군 기갑사단의 진격을 막는 데 거의 아무런 역할을 하지 못했다. 기껏해야 독일군 후방에 있는 공장, 군항, 철도 중심점 등에 대한 폭격을 시도하는 정도였으나, 실제 전황에 미치는 영향이 거의 없었다. 반면, 독일공군의 근접 지원기들은 기갑사단의 앞을 가로막는 장애물이 나타나면 즉시 출격해 분쇄해 나감으로써 독일 육군으로부터 '날아다니는 포병(Flying Artillery)'이라는 애칭을 얻기도 한다.

결국, 프랑스의 강력한 연합군이었던 영국군은 전투 발발 이후 불과 한 달여가 지난 5월 말~6월 초 던커크 해변을 통해 영국본토로 철수해야 하는 참담한 상황에 몰린다. 믿었던 동맹군을 잃은 프랑스군은 잔여세력을 조직해 저항을 시도하기도 했지만, 이미 사기는 바닥에 떨어지고 체계적인 저항을 지도할 지도부도 없었다. 프랑스 내각

151

은 마침내 스스로 붕괴하고, 새로운 수상이 된 페탱 원수는 6월 22일 굴욕적인 휴전협정에 서명한다. 과거의 교훈에서 전쟁을 준비했던 전략이 가져올 수 있는 예상 가능했던 결과였다.

혁신에 투자하라

지금 이 책을 읽는 독자 중 1999년 'IT 버블'을 기억하는 분들이 꽤 있을 것으로 생각한다. 당시 우리나라 코스닥시장의 주가들도 상당한 수준이었지만, 역시 당시 관전 포인트는 글로벌 주식시장을 주름잡던 나스닥시장의 시가총액 상위 10개 종목 순위였다.

당시 나스닥시장 시가총액 상위 1등 종목은 PC 운영시스템인 윈도로 세계시장을 제패했던 마이크로소프트였고, 그다음이 통신장비 시장의 왕자인 시스코 였다. 하지만 1999년만 해도 글로벌 기술주들의 순위라고 말할 수 있었던 나스닥 시가총액 상위 10개 종목 중 애플이라는 이름은 포함되지 않았다.

말 많은 2차 세계대전

1940년 프랑스 전투에서, 히틀러조차 '어이없어했을 정도로' 빨리 독일군이 승리할 수 있었던 데는, 전술이 뛰어났던 측면 외에 아무래도 연합군, 특히 프랑스의 형편없었던 대응 탓도 있다. 프랑스 전투 초기, 독일군이 연합군 전선 후방에 신속히 침투한 것은 사실이지만, 시간이 지날수록 기갑사단과 보병사단과의 간격이 크게 벌어진다는 취약점 또한 나타나고 있었다(그리고 이 문제는 독일군 수뇌부와 히틀러가 가장 크게 걱정하던 문제이기도 했다.).

프랑스군이 제대로 반격에 성공하기만 한다면 독일군 기갑사단과 보병사단을 분리할 수도 있었을 것이다. 문제는 전투가 벌어지고 나서 얼마 되지 않아 프랑스군 일부가 '패배의식'에 사로잡히기 시작했다는 점이다. 예로, 독일군 탱크가 강을 건넜다는 헛소문에 중요한 방어선을 담당하던 1개 연대가 집단으로 도주하기도 했다니 당시 프랑스군의 사기와 자신감이 절대 높지 않았음을 충분히 알 수 있다. 심지어 전투가 시작된 지 불과 며칠이 되지 않은 5월 15일, 프랑스 수상은 영국의 처칠 수상에게 전화를 걸어 '이미 전쟁은 끝났고 우리는 졌다'는 말을 꺼내기도 했다. 당시 전선은 밀리고 있었지만, 영국군은 목숨을 걸고 프랑스에서 저항을 지속하고 있었고 프랑스군 대부분도 건재한 상황이었다. 아무리 전황이 힘들더라도 전쟁을 수행하는 국가의 수상으로서 이런 식의 패배주의를 보인다는 것은 문제가 있다. 이런 관점에서 생각한다면 '적의 전력을 섬멸하기보다는 적 지휘부를 혼란하게 하고 전쟁 수행의지를 꺾어버린다'는 전격전의 효과는 그야말로 만점이었던 셈이다.

혁신의 대명사 애플

혁신기업으로서의 애플은 1976년, 세계 최초의 개인용 컴퓨터라고
할 수 있는 애플1을 만들면서부터 시작된다. 1984년에는 우리가 잘
아는 '매킨토시' 컴퓨터를 출시하면서, 아직도 애플과 다른 기업을 가
르는 큰 차이점인 '충성 고객층'을 형성하는 계기를 만들기도 했다.
이후 마우스를 통한 사용자 인터페이스를 도입한다든가, 새로운 개념
의 소비자 친화적 PC인 아이맥을 출시한다든가 하는 개성 있는 활동

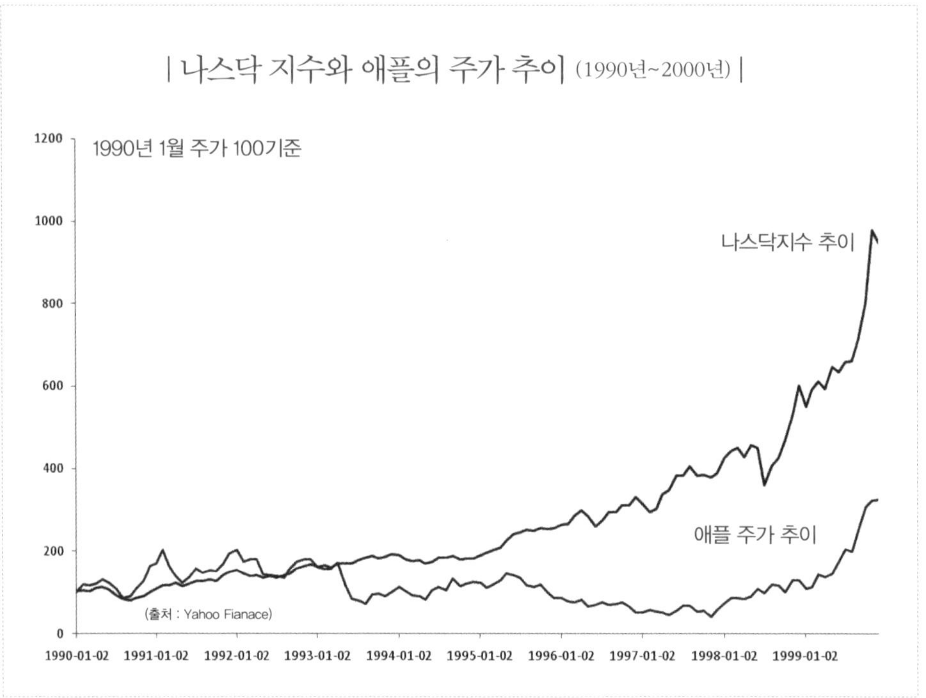

투자, 전쟁에 묻다

을 보이기도 했으나, 애플은 여전히 PC 업체였다. 그것도 마이크로소프트의 윈도라는 강력한 운영체계에 적극 도전하는 업체라기보다 학생 및 교육계 등 일부 계층에서 마니아 고객층을 형성하는 업체로서의 이미지가 강했다. 그리고 1990년 말까지 주가 또한 나스닥 지수 대비, 크게 좋은 모습을 보여주지도 못한다.

2000년 이후 찾아온 IT 버블 붕괴 사태는 애플에도 큰 시련으로 작용했다. 일단 주당 30달러를 웃돌기도 했던 주가가 주당 7달러로 하락한 것도 망신이었지만, 그보다 PC업계 전반에 찾아온 과잉공급의 위기를 극복하는 전략이 필요했다. 더욱이 애플은 주력제품인 매킨토시 컴퓨터가 범용제품이라기보다는 일부 마니아층이 사용하는 독특한 PC로서의 이미지가 강하다는 약점이 부담으로 작용했다.

애플이 이 위기를 극복하는 방법은 두 가지였다. 하나는 영원히 윈도운용체계에 뒤질 수밖에 없는 PC 제조 업체로서 살아남기 위해 비용절감이라도 하기 위해 발버둥치는 방법이었고, 다른 하나는 지난 15년간 쌓아온 매킨토시라는 브랜드를 버리고 새로운 업체로 변신하는 방법이었다. 애플은 후자를 선택했다.

애플을 위기에서 구한 사람은 역시 애플 하면 생각나는 그 사람, 스티브 잡스였다. 2001년, 애플은 아이팟을 내놓으면서, MP3 시장에 진출한다. 사실 아이팟에 대한 주식시장의 초기 반응은 '별 영양가 없을 것이다'였다. 당시 한국이나 일본에서도 여러 브랜드의 MP3 플레이어들을 출시하고 있었기 때문이다. 그러나 스티브 잡스에게는 아이팟을 다른 MP3 플레이어와 구별 지을 묘안이 있었다. 바로 아이팟 사용자들이 합법적으로 음악을 다운로드할 수 있는 서비스인 아이튠즈 출시였다.

2000년 초반에는 불법 음악 다운로드가 전혀 이상하게 보이지 않았던 때여서 '돈을 받고 음악을 판매하는' 전략이 신통치 않아 보일 수 있었다. 하지만 소비자들로서는 어차피 큰 부담 없는 금액이고, 무엇보다 다양한 음악을 쉽게 다운로드할 수 있다는 장점이 있어, 이 서비스는 뜻밖으로 큰 호응을 보인다. 하드웨어와 콘텐츠 간 융합을 통해 고객 만족이라는 부가가치를 창출하는 애플의 혁신전략이 제대로 먹혀든 것이다.

투자, 전쟁에 묻다

아이팟이 출시된 2001년 애플 주가는 주당 10달러 중후반이었다. 매킨토시 컴퓨터 제조업체에서 아이팟과 아이튠즈를 통해 콘텐츠와 하드웨어의 융합이라는 혁신업체로 이미지를 굳혔던 2005년 말 애플 주가는 70달러 이상까지 상승하였다. 그간 나스닥 지수는 거의 변화를 보이지 않았다. 왜 굳이 혁신기업에 투자해야 하는지 잘 알 수 있는 대목이다.

2000년~2005년 있었던 혁신의 대가가 단순한 주가 상승이라고 생각한다면 큰 오산이다. 2001년 애플은 53억 달러의 매출을 올렸는데 이전 해인 2000년 매출이 79억 달러였으니 위기도 이만저만한 위기가 아니었을 것이다. 역시, IT 버블 붕괴 이후 PC 수요가 감소하면서 주력제품인 매킨토시 컴퓨터 판매량이 크게 줄어든 것이 결정적인 요인으로 작용했다.

그러나 애플이 PC 제조 업체에서 과감한 혁신을 통해 아이팟과 아이튠즈를 통한 콘텐츠, 하드웨어 판매업체로 변신한 이후인 2005년 실적은 믿기 어려운 수준으로 호전된다. 매출만 139억 달러에 달했으며 적자였던 순익은 13억 달러로 상승한다. 물론 전체 매출의 50퍼센트 정도를 차지한 매킨토시 컴퓨터의 판매 회복도 실석에 큰 도움을 주었으나, 역시 '오로지 혁신을 통해 창출된' 아이팟과 아이튠즈 매출이 전체매출의 40퍼센트까지 상승했다는 점이 실적 호전의 가장 큰 요인이었다.

말 많은 투자정보

만일, 애플이 2001년 과감한 혁신과 변화를 시도하지 않았다면 어떤 운명을 맞이했을까? 사실, 이 '매킨토시'라는 브랜드와 그 브랜드에 대한 충성 고객층을 공고히 하기 위해 애플은 20년에 가까운 시간을 소비했다. 잠시 PC 시장이 어려움에 빠졌다고 해서, 전공인 PC에서 전혀 새로운 사업영업으로 보였던 음악 서비스로 핵심 브랜드를 이동한다는 전략을 택하기는 매우 어려웠을 것이다.

만일 애플이 매킨토시에 집착했다면 어떤 결과를 맞이했을지는 1990년대 애플의 경쟁자들이 잘 보여주고 있다. 1990년대 후반 애플 경쟁자는 역시 같은 같은 PC 업체였던 델과 휴렛패커드였을 것이다. 이 중 델은 IT붐의 선도주자 역할을 하며 1999년에는 나스닥 시가총액 6위에 오르기도 했다. 그러나 결국 PC업계의 구조적인 불황을 이기지 못하고 아예 상장폐지 됐다. PC업계 중 내세울 만한 현금흐름과 수익성을 자랑하던 휴렛패커드도 2010년에서야 IT 버블 시절 주가 고점인 50달러 수준에 도달할 수 있었다.

아이팟을 통해 큰 성공을 거뒀으나, 애플은 이미 현실 안주하기를 거부하는 혁신기업이었다. 무엇보다 온라인 음악 사업의 성장을 보고 다양한 경쟁자들이 뛰어들고 있다는 점이 부담이었다. 애플은 콘텐츠와 하드웨어의 융합이 좀 더 큰 형태로 발전하기를 원하는 소비자들의 기대를 이미 읽고 있었고, 이 기대에 대한 대답이 아이폰이었다. 아이폰의 혁신신화에 대해서는 수많은 이야기가 있으니 이 자리에서 자세한 설명을 할 필요는 없을 것이다. 사실, 기존에도 '스마트폰'이라는 이름을 붙일 만한 제품들은 있었다. 하지만 소비자들을 경악시킬 수준의 유저중심 인터페이스에, 제3자가 제공하는 애플리케이션의 다운로드 기능, 여기에 차별화된 디자인이 결합한 스마트폰은 아이폰이 유일했다. 이 혁신의 대가는 놀라울 만한 주가의 상승이었다.

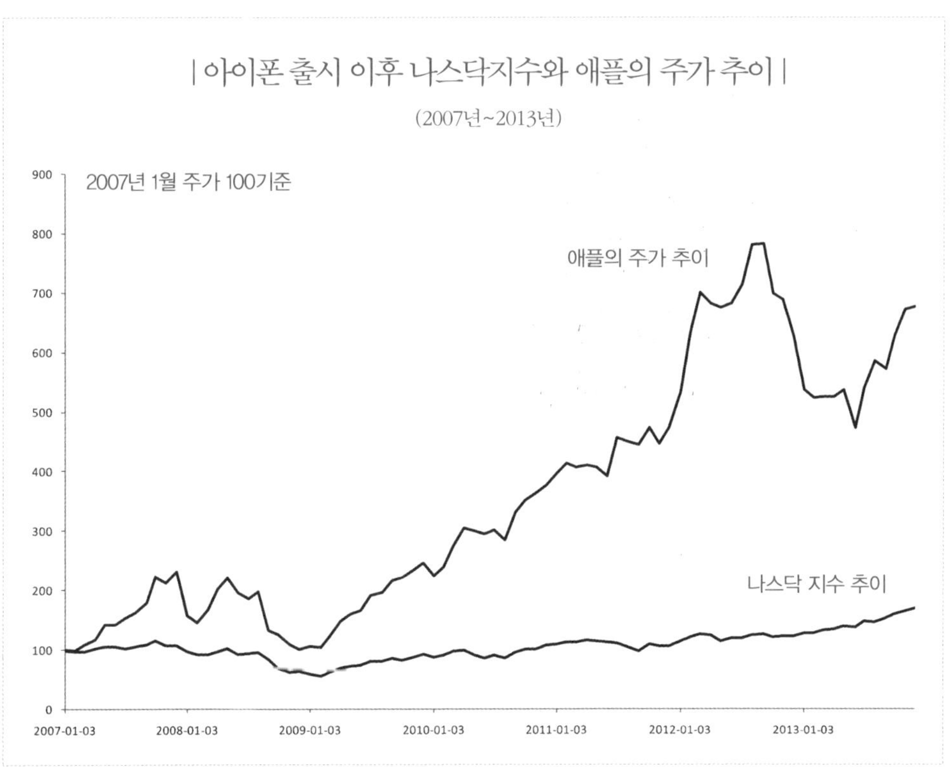

2007년~2013년까지 주가 추이를 보면 애플의 주가는 6배가 상승한 반면, 나스닥지수의 상승률은 70퍼센트 수준에 지나지 않는다. 아이팟으로 혁신신화를 시작했던 2001년 이후 2013년까지 애플의 주

가는 53배가 상승했다. 이것이 과연 정당화될 수 있는 주가상승인가?
2001년부터 2013년까지 각 혁신 국면의 애플 실적을 살펴보자.

<애플의 펀더멘털 지표추이 (2001년~2013년)>

	PC 업체 (2001)	콘텐츠+하드웨어 (2005)	스마트기기 (2013)
주력상품	매킨토시	아이팟	아이폰, 아이패드
매출	5,363백만 달러	13,931백만 달러	170,910백만 달러
영업이익	-344백만 달러	1,650백만 달러	48,999백만 달러
세후 순이익	-25백만 달러	1,355백만 달러	37,037백만 달러
영업이익률	적자	11%	28%
주가 (연말 수정주가 기준)	1.49	9.77	78.83

자료 : Yahoo Finance

위의 도표를 보면 세 가지 재미있는 사실이 나타난다.

1. 2001년~2013년의 기간에 매출 성장세가 매우 놀랄 만한 수준이다.
   12년 동안 32배가 성장했으니 연평균 33퍼센트가 증가한 셈이다.
2. 2005년 기준으로 애플의 PER이 40배를 상회한다. 경기상황에 따라
   다르나 S&P500지수에 포함된 미국 기업들의 평균 PER이 12배~18
   배 수준이므로, 평균 대비 상당히 높은 주가수준이다. 그러나 2001년
   ~2005년 사이 4년 동안 애플의 매출성장률이 연평균 26퍼센트에
   달한다는 점을 고려해야 한다.

투자, 전쟁에 묻다

3. 반면, 2013년 종가 기준 애플의 PER은 14배이다. 이 정도면 혁신기업은커녕 성장주들에게 평균적으로 부여되는 기업가치 수준도 되지 않는다. 2013년 애플의 매출성장률은 10퍼센트 수준으로 하락한다.

성장에 투자하라

주가도 크게 하락했고, 자산가치도 튼튼한 저평가된 가치주에 투자하는 편이 좋을까, 아니면 다소 주가상승의 부담은 있지만, 현재 투자자들의 기대를 뛰어넘어 성장하는 성장주에 투자하는 편이 좋을까? 기업 내용을 자세히 분석하고 판단해야 할 문제겠으나, 성장주에 투자하는 편이 더 좋은 결과를 기대할 때가 뜻밖으로 많다. 애플을 보자. 한창 연평균 20퍼센트 이상 매출이 성장하면서 회사가 커가고 있을 때는 미국의 대형주 평균 대비 2배가 넘는 수준의 기업가치기준으로 거래되었다. 그러다, 매출성장률이 보통기업의 수준으로 회복하자 기업가치 기준이 금방 '보통' 수준으로 돌아가 버린다. 왜 그럴까? 여기에 대해 필자는 다음 3가지 원인을 이야기하고 싶다.

1. 근본적으로 투자자들이 주식을 사는 이유가 꼭 그 기업의 '가치'를 이해하고 있는 건 아니기 때문이다. 즉, 주가가 올라가는 이유는 '주가가 저평가됐기 때문'이 아니라 '좋은 뉴스가 나왔기 때문'인 경우

가 훨씬 더 많다. 지금 당장 주가가 싸더라도 투자자들은 이 주식을 사야만 하는 이유가 명확하지 않으면 매수의 손길을 내밀지 못한다. 반면, 성장주의 경우, 가격은 좀 비쌀 수 있으나, 투자자들이 듣기를 원하는 좋은 뉴스들을 지속해서 가져오기 때문에 결국 망설이다가도 상승하는 주가를 따라서 매수하는 것이다. 주식을 매수하는 투자자 중 상당수는 단기 트레이더들이고, 그들은 '가치'가 아니라 '뉴스'를 보고 움직이는 경우가 대부분이라는 점을 기억하자.

2. **'가치'를 보고 투자한다면, 결국 주가가 상승하는 폭이 제한된다는 역설이 존재한다.** 예로, 순자산가치가 1만 원인 종목이 있다고 치자. 이 종목의 주가가 지금 6,000원이라면 청산가치 대비 주가의 비율이 60퍼센트인 셈이다. 지금 당장 청산해 버리면 1만 원을 받을 수 있는데 주가가 6,000원이면 아무래도 너무 싸다는 생각이 드는 것은 당연하다. 하지만 반대로 생각하면 이 기업의 주가가 청산가치 수준으로 회복되더라도 주가상승률은 66퍼센트정도다. '잠재적인 주가상승률이 66퍼센트이면 꽤 좋은 수익률이 아니냐?'라고 이야기할 수 있으나, 언제 주가가 상승할지 기약할 수 없다는 점이 함정이다. 한마디로 66퍼센트의 주가상승이 1년 안에 이뤄질지, 2년 안에 이뤄질지 또는 아예 그런 일이 없을지는 아무도 모른다는 것이다.

반면, 성장주는 스스로 '가치'를 창출해 나간다. 기업의 가치가 빠른 속도로 늘어나고 있고, 이것이 투자자들의 눈에 보이는 실적으로 나타난다. 한마디로 '이 기업은 1만 원짜리인데 지금 주가가 6,000원'이라는 이야기보다 '이 기업은 지금 1만 원짜리지만 매년 기업의 가치가 급속히 상승하니 어디까지 청산가치가 상승할지 예측하기 어렵다'는 이야기가 투자자들에게 더 끌리는 법이다.

3. **주가가 싼 종목은 다 그만한 이유가 있는 경우가 많기 때문이다.** 즉, 시장에는 잘 알려지지 않았으나, 어느 정도 해당 기업을 분석해본 사람들 눈에는 보이는 약점이 있어 주가가 상승하지 못하는 것이다. 대표적인 경우가 만성적인 적자, 잘못된 지배구조, 부실한 계열사 보유 등을 들 수 있다.

기업의 '가치'는 하락한 주가를 끌어 올리는 요인은 될 수 있다. 그러나 혁신은 투자자들이 상상하지도 못했던 기업의 '가치'를 만들어 내는 요인이다. 괜히 주가만 많이 하락하고 특별히 건들 이유가 없는 만년 가치주보다 항상 새로운 도전을 달갑게 받아들이는 성장주의 주가가 더 많이 상승하는 많은 이유들이 여기에 있다. '다른 사람들보다 돈을 많이 잃지 않기 위해' 주식에 투자하는 사람이 과연 몇 명이나 되겠는가? 주식에 투자하는 이유는 '남보다 돈을 더 벌기 위해서다.

시대의 트렌드를 이해하라

| 진주만 기습 |

• 주식시장에도 유행, 즉 '트렌드'가 있다 •

해전의
새로운 트렌드를
열다

'1941년 12월 7일은 오명의 날로 기억될 것입니다.'

진주만 기습 다음 날, 미국의 루즈벨트 대통령이 일본에 대한 전쟁선포에 동의할 것을 국회에 요청하면서 한 연설의 서두다. 1941년 12월 7일 아침, 6척의 대형항공모함을 주력으로 한 일본의 연합함대는 하와이에 주둔한 미국의 태평양함대를 기습하여, 큰 피해를 주는 데 성공했다. 이 기습으로 미국의 육·해군이 입은 피해는 참으로 막대하여 침몰하거나 치명적인 피해를 본 주력전함만 8척에 파괴된 항공기가 300여 대였으며, 전사자도 2,400여 명에 달했다.

2차 세계대전 이전, 전 세계 해군전략가들의 사상은 '대함거포주

의'였다. '대함거포주의'란, 미래에 벌어질 해전의 주역은 강력한 장
갑과 사정거리가 긴 거포로 무장한 주력 전함들이라는 사상이다. 당
시 상대국가보다 더 큰 전함들을 건조하기 위한 경쟁이 너무나 치열
하게 진행되는 바람에, 강대국 별로 전함을 건조할 수 있는 비율을 제
한하는 협정을 체결하기까지 했다. 이러한 흐름에 미국 해군도 예외
는 아니었고, 태평양함대의 주력들 또한 대형전함들이었었다.

그러나 1920년~1930년대, 항공기술이 크게 발전하면서 '대함거
포주의' 사상에 큰 위협을 줄 요인이 등장한다. 수십 대의 항공기를
운용할 수 있는 항공모함이 출현한 것이다. 조금만 생각해 보면, 적
의 함대를 공격하는 수단으로서, 항공기는 대포 대비 중요한 장점을
여러 개 지니고 있다. 일단, 단순한 사정거리부터 매우 큰 차이가 난
다. 당시 가장 큰 함포의 사정거리는 40킬로미터 내외였다. 그러나 항
공기는 그 몇 배가 되는 거리를 날아가 적함에 폭탄을 떨구고 돌아올
수 있다. 또 항공기는 몇 발만 명중해도 적함에 치명상을 안길 수 있
는 어뢰의 적재가 가능하다. 반면, 대포로 적의 전함에 열심히 사격을
해 봤자 맞추기도 힘들뿐더러, 운 좋게 적함을 명중시키더라도 적의
전함이 바로 침몰하는 경우는 많지 않다. 특히, 함포로 대결할 때에는
아군의 전함도 적의 포화에 노출되지만, 항공기를 사용하면 일방적으
로 적을 두들기는 일도 가능해진다.

그러나 전함과 함께 성장해온 보수적인 해군 제독들은 쉽게 '대함

거포주의'를 버리려 하지 않았다. 이론만 번지르르할 뿐 항공모함이라는 전투함이 실전을 통해 그 가치를 입증한 일이 없다는 점이 일단 보수적인 해군 제독들의 마음에 들지 않았던 것이다. 그리고 사실, 항공기의 출현으로 전함이 갑자기 퇴물로 변했다는 점을 인정한다면, 자신들도 퇴물이 되어 버릴 것이 우려스럽기도 했을 것이다.

당시 해군 제독 대부분은 '바다에서 고속으로 움직이는 전함들을 항공기가 정확히 폭탄으로 가격하는 일은 매우 힘들다' 혹은 '전함들은 두꺼운 장갑으로 보호를 받고 있으니 항공기용 폭탄 따위로는 침몰하지 않을 것이다'라는 식으로 항공기의 가치를 폄하하는 데 열심이었다. 그들 시각으로 보면, 항공모함의 존재는 전함의 취약점을 보완해주는 보조적인 전력이었을 뿐이다.

이 점에 대해서는 '진주만 기습'의 주인공인 일본 제독들도 큰 차이가 없었다. 오히려 일본은 전함의 가치에 더욱더 집착하여, 절대 적의 공격으로 침몰하지 않는다는 소위 '불침함(不沈艦)'을 건조한다는 발상까지 하게 된다. 실제로 2차 세계대전 직후 취역한 일본의 전함 '야마토'는 배수량이 무려 보통 전함의 두 배나 되는 7만 톤에 이르기도 했다. 당연한 이야기지만, 초거대전함 '야마토'는 불침함이 되기는커녕 전쟁 말기 미 해군기들의 집중적인 공격을 받고 침몰한다.

그러나 진주만 기습으로 태평양함대가 가진 전함들을 모두 잃어버리자 미 해군은 생각을 다시 고쳐먹을 수밖에 없었다. 태평양함대에 남은 전력이라곤 작은 전투함들과 항공모함들이 전부가 돼 버렸던 것이다. 게다가 덩치만 3만~4만 톤을 훌쩍 뛰어넘는 전함들을 하루아침에 붕어빵 찍듯이 만들어 낼 도리도 없었다. 결국, 싫든 좋든 살아남은 항공모함들을 중심으로 새롭게 함대를 구성해 일본에 대한 반격을 구상하는 방법이 최선의 대안이었다.

막상 항공모함을 중심으로 기동부대를 구성해 보니, 과거 전함 중심으로 함대를 구성할 때보다 이만저만 효율적인 게 아니었다. 먼저 느려터진 전함에 발을 맞춰야 할 때에 비해 함대의 이동속도가 매우 빨라졌다. 함대의 구성 자체도 매우 유연해진다는 장점도 있었다. 전함을 중심으로 한 함대는 매우 규모가 커질 수밖에 없다. 일단, 포격전이 벌어지면 많은 수의 전함을 가진 쪽이 압도적으로 유리하기 때문이다. 결국, 전함들은 '몰려다닐 수밖에 없고', 소중한 전함들이 한군데 몰려 있으니 이들을 호위하는 호위 함대 규모도 만만치 않게 커진다.

항공모함 기동부대는 달랐다. 발이 빠르고 먼 거리를 타격할 수 있는 항공모함이 중심이라서 작은 함대를 여러 개 구성해 운용할 수 있다. 배를 만드는 생산성도 항공모함 쪽이 훨씬 더 좋았다. 항공모함이라는 게 결국 배 위에 비행기가 뜨고 내릴 수 있는 시설만 갖추면 되니 대량생산을 하는 데 큰 이점이 있었던 것이다. 반면, 전함은 두꺼운 장갑에 무거운 대포를 실어야 하기에 항공모함에 비해 대량생산이 불리하다.

결국, 진주만 기습을 통해 일본 해군은 미 태평양함대의 구식 전함

투자, 전쟁에 묻다

몇 척을 사용불능으로 만드는 데 성공했으나, 그 사실이 앞으로 태평양 전쟁의 판도에 미친 영향은 그리 크지 않았다. 일본 해군이 파괴했던 대형전함들은 어차피 항공기가 지배하는 태평양에서 그리 쓸모 있는 함정들이 아니었기 때문이다. 항공기 피해는 심각한 수준이었지만, 앞으로 미국의 생산력을 고려한다면 금방 회복할 수 있는 크지 않은 피해라고 할 수 있다. 전함이 없는 미국 태평양함대는 오히려, 항공모함을 중심으로 새로 함대를 재편함으로써 매우 효율적인 전투집단으로서 다시 태어날 수 있었다.

이후, 태평양에서 발생한 주요 해전들의 주역은 단연 항공모함이었다. 서로 상대를 보지 못하는 원거리에서 항공기만으로 전투의 승부를 내는 것이다. 그리고 가장 중요한 자산인 항공모함을 잃으면 남은 함대들은 신속히 전투지역을 이탈해야 했다. 1942년 벌어진 미드웨이 해전이 대표적이다. 일본 해군은 네 척의 대형 항공모함을 상실하자 곧 후퇴할 수밖에 없었다. 남은 전함들의 수는 미 해군을 압도했으나, 항공기의 보호를 받지 못하는 함대가 살아남기 어렵다는 점을 잘 알고 있었기 때문이다. 전체 태평양 전쟁 기간 중 전함들의 지위는 몸을 던져 항공모함을 보호하는 일송의 호위함 수준으로 전락하게 된다.

진주만 기습이 일본 해군의 일방적인 승리라고 말할 수 있을까? 서로의 피해상황만 보면 그렇게 말할 수도 있다. 하나 그 이후 진행된 해전 트렌드를 보면, 진주만 기습을 통해 일본 해군이 얻은 것은 많지 않다. 정작 자신들의 진짜 상대가 될 항공모함을 놓쳐 버리는 실수를 저질렀기 때문이다. 하늘을 지배하는 자가 바다를 지배한다는 새로운 트렌드를 세웠다는 관점에서 보면, 제법 의미 있는 사건이라고 할 수 있겠다.

만일, 진짜 일본 해군이 진주만 공습 성공 이후에도 하와이 인근에 남아 진주만의 철저한 파괴와 특히 미 해군 항공모함의 격멸을 시도했다면 미군은 매우 난처한 상황에 직면했을 것이다. 진주만에 주둔하던 항공기들이 대부분 파괴되어 효과적으로 일본 해군에 반격할 만한 수단이 마땅치 않았기 때문이다. 또한, 일본 해군의 진짜 목표였던 항공모함 '엔터프라이즈'를 중심으로 한 기동부대도 하와이 근처에서 활동했기에, 이 부대 역시 운 나쁘게 일본 해군에게 발견됐다면 격멸했을 가능성이 높다. 미 태평양함대를 승리로 견인했던 주역인 니미츠 제독은 '만일 일본 항공기가 다시 출격해 하와이의 각종 군사시설들을 파괴했다면 전쟁은 2년 더 지속됐을 수도 있었을 것이다'라고 언급하기도 했다.

투자의 세계에서도 마찬가지다. 투자를 하여 예상치 못한 성과가 나오면 투자자들은 금방 차익을 실현하고 싶은 유혹에 사로 잡힌다. 이러다 주가가 또 하락하면 금방 잡았던 수익을 다 놓쳐 버릴까 전전긍긍하기 때문이다. 그러나 아무런 이유 없이 상승했던 주가가 크게 하락하는 경우는 거의 없다. 주가가 조금 상승했다고 기업에 대한 투자리스크가 매우 늘어나는 것도 아니다. 오히려, 개인투자자들은 보유했던 종목의 주가가 조금 상승하면, 곧바로 차익 실현에 나서며 큰 상승 추세를 놓쳐 원통해 하는 경우가 무척 많다. '작은 성공'에 집착하여 지키려 하면 '큰 성과'를 놓치게 될 수 있다는 점, 항상 유념해야 한다.

말 많은 2차 세계대전 

역사에서 '만약'이란 존재하지 않지만, 만일 진주만 기습 이후 일본 해군 기동부대가 즉시 진주만 인근 해역을 이탈하지 않는 대신, 다시 공격에 나섰다면 어떤 결과가 가능했을까? 당시 항공모함으로 복귀한 파일럿들은 이구동성으로 한 번 더 돌아가 진주만의 시설들을 공격할 것을 주장하기도 했다. 일본 해군이 다시 진주만으로 돌아가 진주만의 각종 시설들, 특히 연료저장소 등을 공격하여 철저히 파괴했다면 미 태평양함대의 반격시기를 상당히 늦출 수도 있었을 것이다. 그러나 당시 일본의 기동함대를 지휘한 '나구모 제독'은 미군의 반격과 추가적인 일본 항공기의 피해 가능성이 두려워 일본 본토로 철수를 지시했다.

Chapter 9 : 시대의 트렌드를 이해하라 진주만 기습

주식시장에도 유행, 즉
'트렌드'가 있다

주식시장에 있다 보면, '주식시장은 미인대회다'라는 말을 많이 듣는다. 일견 공감하지 못할 수도 있겠지만, '대중의 관심을 끌 수 있어야 주가가 상승할 수 있다'는 취지로 보면 틀린 말도 아니다. 장기적으로 보면 '일시적인 유행'이 주가 흐름을 결정하는 결정적인 변수라고 절대 말할 수 없다. 하지만 좀 단기적인 관점에서 보면 주식시장에도 분명 유행, 즉 트렌드가 있고, 그 트렌드를 선도하는 이른바 '미인주'들이 존재하는 것도 사실이다.

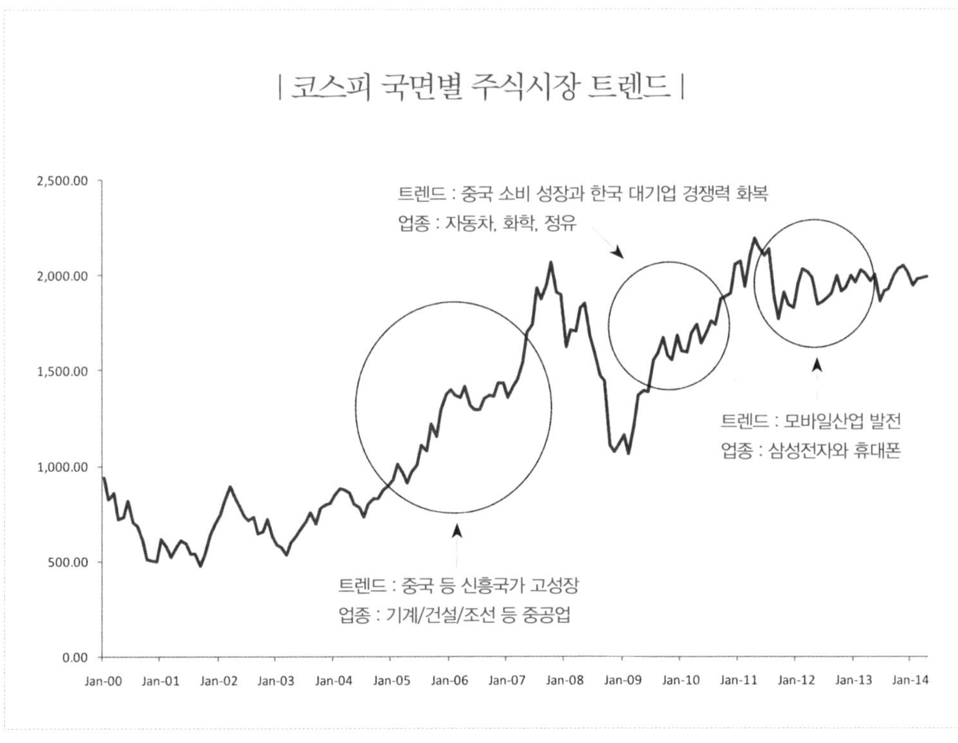

트렌드와 테마가 다른 이유

이렇게 이야기하면 일부 독자들은 '개인투자자들의 무덤이라고 말하는 개별종목들의 테마와 트렌드가 다른 건 또 뭐냐?' 하고 반문할 수도 있다. 당연히 트렌드는 개별종목들의 테마와 매우 다르다. 필자는 주식시장 트렌드와 테마가 다른 이유를 다음과 같은 3가지로 설명하고 싶다.

1. 테마는 일부 개인투자자들의 투기적 매매로 만들어지지만, 트렌드는 글로벌경기의 변화가 만들어낸다. 예를 들어, 2010년~2011년까지 진행됐던 정유, 화학 업종의 강세를 생각해 보자. 이 현상이 나타난 이면에는 중국 중산층의 소비 여력이 비약적으로 증가하면서 각종 화학, 정유제품들 수요가 크게 개선된 측면이 있다. 실제 2010년~2011년 중 전 세계 대표적인 정유업체인 엑손 모빌 주가도 60달러 수준에서 80달러 후반까지 상승했다.

2. 당연한 이야기이지만, 트렌드는 실제 관련기업들의 펀더멘털이 급격히 개선되는 과정을 수반한다.

   2004년~2007년까지 중국의 엄청난 원자재 수요가 발생하면서 이와 관련된 대표산업인 조선업종의 주가가 크게 상승했다. 이에 따라, 2004년에 5,000원이던 삼성중공업의 주가가 불과 3년 뒤인 2007년에는 5만 원대 후반까지 상승하기도 했다. 말할 것도 없이 이 과정에서 일부 주가의 버블 요인이 발생하기도 했으나, 주가 상승과 함께 삼성중공업 실적 또한 함께 개선됐음을 부정하기는 어렵다.

3. 트렌드에는 명확한 수급 주체가 존재한다. 이것은 일부 작전성 테마주에 대해 이야기할 때 언급되는 '숨겨진 세력' 정도의 수준이 아니다. 트렌드를 만드는 종목들은 많은 경우 어느 기관에서, 혹은 어느 부류의 외국인들이 무슨 이유로 사고 있는지가 이미 시장에 알려져 있다. 즉, '남 몰래 주식을 매수해 재료를 터트리면서 물량을 정리하는' 수준의 수급이 아니라는 것이다. 트렌드는 진짜, 비교적 장기간

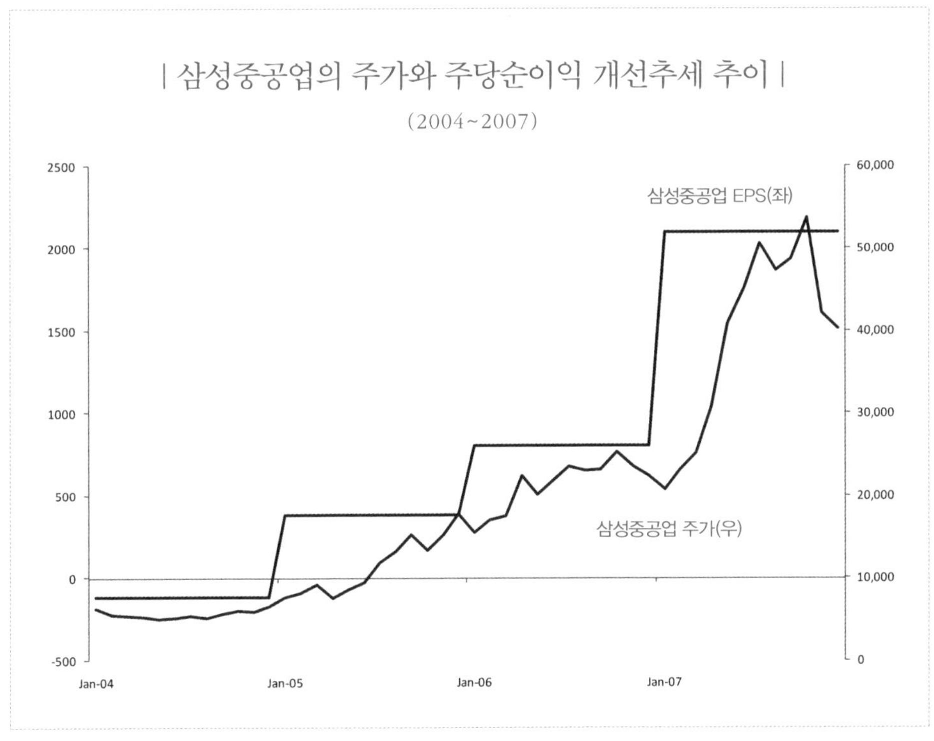

유지될 것으로 보이는 시대의 흐름을 인지한 대형투자자가 확신에

차서 주식을 매수할 때 생긴다고 생각하면 무난하다.

트렌드를 선도하는 주식의 5가지 조건

필자는 걸 그룹 '소녀시대'에 열광하는 중년 아저씨 팬 중 한 명이다. 필자가 '소녀시대'를 처음 접했던 때가 2007년이었으니, 벌써 7년째 소녀시대 팬인 셈이다. 자고 깨어나면 새로운 노래와 트렌드로 무장한 연예인들이 나타나는 경쟁환경임에도, '소녀시대'의 작은 행동 하나하나는 아직도 필자를 비롯한 열혈 팬들의 큰 관심을 불러일으키는 재료가 된다. 반면, 잠깐 인기 연예인 반열에 오르기도 하지만 지금은 어디서 무엇을 하는지 알 도리 없는 연예인들 또한 있는 게 현실의 냉혹함이다

주식시장에서도 마찬가지의 일이 벌어진다. 잠시 시장의 관심권에서 멀어졌더라도, 시간이 지나면 다시금 '가치'가 떠오르는 착한 종목들이 있다. 반면, 한번 '테마의 광기'가 휩쓸었던 자리에 남겨진 거라곤 물량부담밖에 없는 못된 종목들도 허다하다. '연예인'이나 '주식'이나 대중의 따르려 하는 트렌드를 선도하지 못하면 길게 살아남기 어려워진다는 공통점이 존재한다. 트렌드를 선도하지 못하는 연예인은 '인기'를 지키지 못하고, 트렌드를 선도하지 못하는 주식은 '추세'를 지키지 못한다. 대중의 인기를 한몸에 받고, 한 국면의 트렌드를 선도하는 연예인과 주식간 공통점을 5가지 사례로 정리하면 아래와 같다.

트렌드를 만들어내는 연예인과 주식의 공통점 1 : 강렬한 기억을 남긴 아이템

'소녀시대'라는 그룹을 이야기하면 필자는 자연스럽게 그들의 데뷔곡인 '소녀시대'라는 노래를 떠올린다. 대학 시절에 들었던 노래와 같은 곡이면서도 분위기가 확연히 다르다는 느낌을 강하게 받았기 때문이다.

잠시 관심권에서 벗어나더라도 언제든지 열성 팬들을 다시 끌어들일 수 있는 종목들은 대중이 지속해서 기억해내는 강렬한 아이템들을 하나씩은 가지고 있는 경우가 많다. IT업종에서 제왕 행세를 하던 애플에 도전장을 내민 삼성전자의 '갤럭시 시리즈'가 대표적이다. '갤럭시'로 삼성전자 주가가 레벨 업 된 이후, 삼성전자가 새로운 휴대폰 모델을 출시할 때마다 트레이더들은 주가에 관심을 기울이게 된다.

우리나라 자동차업종 전체를 새로운 관점에서 보게 한 신차 'YF소나타'가 없었다면, 지금만큼 현대, 기아차의 신차 출시 일정'에 대해 투자자들은 관심을 보이지 않을 것이다. 이렇듯 해당 기억에 대한 트레이더들의 시각을 통째로 바꿔버린 전설적인 아이템의 존재는 현재뿐만 아니라 미래의 주가를 좌우할 수도 있는 중요한 요소이라 할 수 있다. 일시에 대중을 열광시키는 수준이 아니라 해당 기업을 다른 관점에서 볼 수밖에 없게 만든, 강렬한 성공의 기억이야말로, 일회성 테마로 그치지 않는 종목이 가지는 공통적인 특징이다.

트렌드를 만들어내는 연예인과 주식의 공통점 2 : 그 자체가 트렌드 기준

장기간 대중의 인기를 한몸에 받는 연예인들은 트렌디하다. 단순히 남이 만든 트렌드를 잘 따르는 수준을 넘어 그들이 스스로 트렌드 기준을 만들어 나간다. 그리고 대중은 인기 스타들이 만들어 낸 트렌드에서 소외되지 않기 위해 기꺼이 많은 금액을 지불할 의사가 있다.

시장에서 언제든지 테마로 떠오를 수 있는 인기종목을 선별하는 기준으로도 마찬가지 논리를 적용해 볼 수 있다. 시장지배자가 만들어 놓은 트렌드를 열심히 따라가려 하는 기업 주가와 스스로 만들어 낸 기준이 모든 참여자가 따라야 하는 트렌드가 되는 기업 주가는 큰 차이가 날 수밖에 없기 때문이다. 시장의 화두로 떠오른 모바일 업종을 생각해 보자. '남이 정해준' 기준으로 비즈니스가 제약을 받는 기업이 있는 반면, 스스로 기준을 세우면 곧 그것이 '법'이 되는 기업도 존재한다. 여러분이라면 어느 기업을 위해 장기적으로 돈을 묻어 놓겠는가?

트렌드를 만들어내는 연예인과 주식의 공통점 3 : 숨죽이며 기다리는 뉴스

필자가 '소녀시대'에 대한 관심을 멀리할 수 없는 이유가 바로 여기에 있다. 관심이 다른 쪽으로 돌아설 만하면, 뭔가 필자의 관심을 잡아끄는 뉴스를 내놓기 때문이다. 최소한 '소녀시대'는 팬들이 심심하도록 내버려 두지 않는다.

삼성전자와 현대차의 실적발표는 시장의 빅 이벤트이다. 심지어 이들 기업이 실적을 발표하는 날이면, 각 증권사 리서치 조직은 매우 바빠지기도 한다. 반면, 다른 대다수 종목은 그런 대우를 받지 못한다. 필자만 해도 종목과 관련된 각종 뉴스와 담당 애널리스트들의 설명이 하루에만 수십 개씩 이메일과 메신저로 쌓인다. 나름대로 열심히 읽어 보려 하는데, 사실 반 이상은 수신확인도 하지 않는 경우가 많다. 기업에 대한 News Flow를 대중이 목 놓아 기다리는 주식을 매수하겠는가, 아니면 대중의 관심을 끌기 위해 다소 무리해 보이는 뉴스를 서슴없이 내놓음에도 대중이 관심을 보이지 않는 주식을 매수하겠는가?

트렌드를 만들어내는 연예인과 주식의 공통점 4 : 좋은 마케팅 능력을 지닌 스폰서

인기 스타들의 개인적인 능력이 출중하더라도, 그 가치를 극대화하려면 전문적으로 마케팅해줄 스폰서의 존재가 필요할 수 있다. 당신은 재능은 출중해 보이나 아무도 그 재능의 가치를 몰라주는 지망생에게 목돈을 투자하겠는가? 그럴 의사가 있다면, 대중도 '그 재능의 가치'를 당신처럼 생각할 것이냐는 문제에 대해 깊이 고민해 봐야 한다.

주식시장에도 좋은 마케팅 능력을 갖춘 스폰서들이 존재한다. 바로 해당 종목을 분석하는 담당 애널리스트들이다. 아무리 훌륭한 가치가 있는 기업일지라도 대중이 그 기업의 존재마저 알지 못하고 있다면

Chapter 9 : 시대의 트렌드를 이해하라 진주만 기습

주식을 사줄 사람이 없게 된다. 삼성전자와 현대차, 이 두 종목은 우리나라 증권사뿐만 아니라 외국계 증권사에서도 담당 애널리스트들이 '어떻게 하면 이 종목에 대한 투자 스토리를 멋지게 포장해 기관투자자들에게 전달할까?'를 고민하는 종목들이다. 다시 말해 많은 애널리스트들이 '건수만 잡히면' 시장 큰손들의 매수를 설득하기 위해 노력하는 종목들이 분명 존재한다는 것이다. 반면, 일부 투자자들의 독특한 '시각'으로 볼 때 큰 '가치'가 있다고 해서 해당 기업 주가가 생각만큼 상승해 주는 경우는 많지 않다. 항상 해당 기업의 가치를 검증하고 주가가 상승할 만한 이유를 일깨워 주는 스폰서들이 존재해야 주식이 트레이더들의 관심권 안에 남아 있는 법이다.

트렌드를 만들어내는 연예인과 주식의 공통점 5 : 대중의 신뢰를 배신하지 않는다

인기 스타의 후속곡이 뜻밖에 실망스러울 수는 있다. 그렇다고 필자와 같은 열성 팬들은 다음 곡을 조용히 기다릴 뿐 마음마저 바꾸지는 않는다.

하지만 실망시키는 수준을 넘어, 신뢰를 배신한다면 그때는 이야기가 확 달라진다. '이 사람이 예전만큼 재미가 없다'와 '이 사람이 알고 보니 아주 딴 사람이었구나' 하는 인식의 차이는 하늘과 땅 사이 이상이다.

많은 투자자에게 일시적 실적 부진은 주식을 매도해야 하는 결정적 이유가 되지 못한다. 기업의 실적에는 여러 요인이 작용하고, 애널리스트들이 그 모든 요인을 다 고려해 실적 추정을 하기란 불가능하기 때문이다.

그러나 시장에서 전혀 예상치 못했던, 심지어 그 종목을 열심히 세일즈해 주었던 애널리스트들마저 예상하지 못했던 행동을 기업에서 저지른다면 해당 기업에 대한 시장의 관점은 순식간에 바뀌게 된다. 필요 없는 영역으로의 사업 진출, 관계사에 대한 무리한 지원, 대주주의 일방적인 지분 매각, 증자나 전환사채 발행 등이 대표적인 사례라 할 수 있다. 조금 '모자라는' 기업은 그나마 시장의 관심권 안에 머물러 있을 여지가 있다. 그러나 '못된 기업'은 사정이 매우 달라질 수 있다.

투자자들이 이야기하는 '기업가치'라는 것도 결국 해당 기업을 보고 해석하는 대중 심리가 따라줘야 제대로 인정받을 수 있다. 매우 오랜 기간 인기몰이 중인 연예인과 장기적으로 주가가 상승할 여지가 있는 주식과의 공통점은 무엇인가? 이 질문에 대한 대답으로 필자는 '언제든지, 대중의 인기를 다시 한몸에 끌어들일 수 있는 저력'을 말하고 싶다.

적당한 시기가 왔을 때, 대중의 매수세를 다시 유입시킬 저력이 없다면, 종목의 주가 또한 추세적인 상승을 기대하기 어려운 이유 또한 바로 이 지점에 있다.

사실, 글로벌 주식시장의 트렌드만 잘 읽어도 주식투자에 큰 도움이 된다. 아래는 글로벌 주식시장의 대표적인 포털사이트 기업인 구글과 우리나라 포털사이트 대표 기업인 네이버를 비교한 차트다.

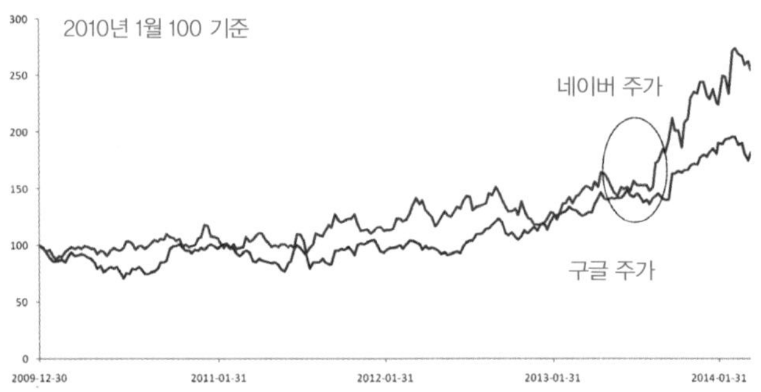

2010년 이후 네이버와 구글의 주가 추이는 매우 비슷하게 움직였다. 예를 들어, 2012년 중에는 글로벌 시가총액 순위 톱 10에 들지 못했던 구글이 글로벌 시가총액 10위권 내로 진입한 시기가 2013년 2분기부터이다. 국내에서 구글과 가장 비슷하다고 할 네이버 주가는 2013년 7월, 45만 원 수준에서 2014년 1월에는 70만 원을 돌파했다. 국내 투자의 트렌드가 글로벌 주식시장의 트렌드에 기반을 두고 있음을 증명하는 좋은 예라 할 수 있다.

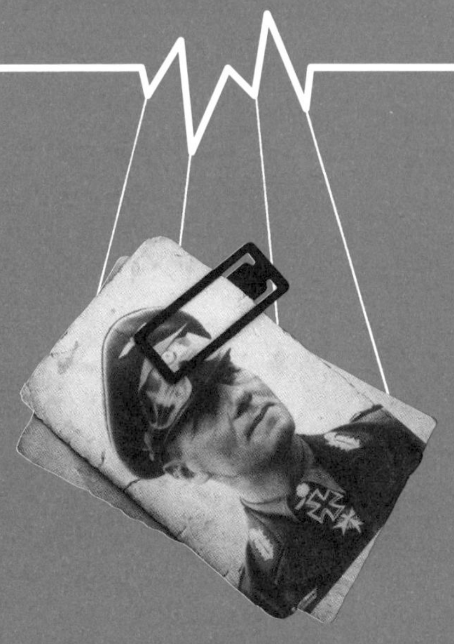

동트기 직전 몇 분이 가장 어두운 법

| 엘 알라메인 전투 |

· 모멘텀과 반전의 신호 ·

사막의 여우 사냥

(엘 알라메인 전투)

지금은 매우 어렵지만

조금만 더 참고 견디자는 표현을 하기 위해 우리는 '동트기 직전이 가장 어둡다'는 속담을 많이 쓴다. 북아프리카에서, 주축 군을 상대로 고투를 벌이던 연합군에게 가장 어두웠던 시기는 1942년 초반이었다.

'사막의 여우'로 알려진 롬멜 장군이 지휘하는 녹일군 아프리카군단과 이탈리아 동맹군에 의해 연일 패배를 맛보며, 이집트의 '엘 알라메인'까지 쫓겨 들어왔기 때문이다. 만일, 독일군과 이탈리아군으로 구성된 주축 군이 '엘 알라메인' 방어선을 돌파하여, 요충지인 '알렉산드리아'를 점령한다면 그야말로 지중해는 주축국의 호수로 변하는 것은 물론, 수에즈운하마저 위협을 받을 수 있는 상황이었다.

187

그러나 북아프리카 전투의 승리를 목전에 두고 롬멜의 기갑부대는 주저앉아 버렸다. 영국군의 강력한 방어 탓도 있었지만, 무엇보다 보급로가 길게 늘어지면서 각종 보급품이 소진된 이유가 컸다. 잘 알려진 대로, 북아프리카 지역 대부분은 사막으로 이뤄져 있다. 아무런 장애물이 없는 탁 트인 사막은 빠른 속도로 움직이는 기갑부대가 기동하기에는 안성맞춤의 지형을 제공한다. 그리고 속도와 기동성, 그리고 기만전술을 중요시하는 롬멜의 전략이 제대로 먹혀들었던 이유도 바로 여기에 있다. 그러나 사막이 기갑부대에 반드시 유리한 이점만 제공하는 것은 아니다. 바로, 앞서 지적한 보급의 문제가 있기 때문이다.

북아프리카 전투에 참여했던 어느 장교는 '사막은 기갑부대 장교에게는 최선의 지형이지만, 군수를 담당하는 병참 장교에게는 최악의 지형이다.'라고 이야기했다고 한다. 우선, 사막에는 '아무것도 존재하지 않으므로' 기갑부대가 전투를 지속하기 위해서는 각종 탄약과 식량 이외에 물 등의 필수품도 모두 트럭으로 보급해줘야 한다. 더욱이 도로가 없는 사막에서 차량을 운행하므로, 보급임무를 수행하는 트럭이 고장 나거나, 아예 사용불능이 되기도 일쑤이다. 결국, 사막에서 전투를 수행하다 보면, 소모되는 보급품의 규모 자체가 다른 지역에 비해 매우 커질뿐더러, 그 보급품들을 전선에 전달하는 수단도 까다로워질 수밖에 없다.

주축 군이 직면했던 또 하나의 큰 문제는 이탈리아에서 출발한 보급품과 지원병력이 지중해를 건너 북아프리카에 안전하게 도착할 수

투자, 전쟁에 묻다

있는 해상교통로를 확보하는 일이었다. 보급물자들을 싣고 느릿느릿 움직이는 수송선들이 영국군 잠수함과 폭격기들이 득실거리는 지중해를 안전하게 건너도록 하는 일은 절대 쉽지 않았기 때문이다. 비록, 1차 세계대전 이후 신세가 초라해지기는 했으나, 영국 해군은 한때 전 세계를 제패하던 바다의 왕자였다. 해군력을 통해 상대방의 항구를 봉쇄하거나, 해상교통로를 차단하는 해상봉쇄(Blockade)는 영국 해군의 장기였고, 지중해에서 그 장기는 유감없이 발휘되었다.

결국, 일차적으로 이탈리아에서 출발한 보급물자들이 지중해를 건너고, 위험한 사막을 지나 전선에 도착하게 되면 원래 출발했던 물량의 극히 일부분밖에 남아있지 않게 된다. 보급사정이 이런 형편이니 전선에서 연일 탄약, 연료, 그리고 지원병력을 보내달라고 난리를 쳐도 물자를 제대로 조달해줄 방법이 없었다. 결국, 주축 군은 큰 전리품이 될 수에즈운하를 목전에 두고 진격을 멈추어야 했다. 그러나 이 때문에 쫓기기만 했던 영 연방군들은 한숨 돌리고 상황을 객관적으로 판단할 수 있는 여유를 가질 수 있었다. 즉, 이른바 진격속도의 모멘텀이 떨어지면서, 쫓기던 적에게 대응할 시간을 벌어준 것이다.

롬멜의 아프리카 군단이 요충지 '알렉산드리아'를 눈앞에 둔 '엘 알라메인'에서 진격을 멈추자, 연합군은 슬슬 반격의 준비에 착수한다. 우선, 연합군으로서는 적보다 매우 짧은 보급선이 결정적인 이점이었다. 즉, 주축 군보다 보급물자와 지원병력을 매우 빠른 속도로 보충할 수 있었다. 더욱이, 금방 전쟁에 참여한 미국의 신형전차와 무기들을

거의 무한정으로 받아들일 수 있었던 터라 시간이 지날수록 연합군
과 주축 군간 전력의 격차는 빠르게 증가할 수밖에 없었다.

1942년 8월, 북아프리카 연 연방군의 주력인 제8군 사령관으로 부
임한 몽고메리 원수가 가장 먼저 한 일은 '더 이상 후퇴는 없다'는 점
을 휘하의 장교들에게 명확히 인지시키는 일이었다. 롬멜에 대한 패
배의식이 있던 일부 영국군 장교와는 달리 몽고메리 장군은 충분한
물량과 준비만 있으면 '사막의 여우'를 패배시킬 수 있음을 확신하고
있었다. 그리고 그는 서두르지 않고 연합군 물량과 전력이 주축 군을
압도할 수 있는 시기를 기다리며, 천천히 결정적인 공세를 준비해 나
갔다.

드디어 1942년 10월 말, 충분한 준비가 됐다고 확신한 몽고메리
장군은 영국군 제8군에 주축 군에 대한 공세를 시작할 것을 명령한
다. 그러나 주도면밀한 준비와 압도적인 물량의 우위에도 공세는 원
활하게 시작하지 못했다. 기동할 만한 지역이 제한적이었던 관계로
영국군 전차들이 지나가야 할 기동로에는 엄청난 수의 지뢰들이 묻
혀 있었기 때문이다.

작전 초기 막대한 양의 포탄을 주축 군의 거점에 쏟아 부었으나,
영국군은 좀처럼 방어선을 돌파할 수 없었다. 사실, 방어선 돌파는커
녕, 예상치 못한 사상자 규모에 놀란 일부 사단장들은 몽고메리 장군
에게 공세의 중지를 건의하기까지 한다. 그러나 몽고메리 장군은 승
리를 확신하고 있었다. 지금이야 주축 군이 예비대를 동원해 방어선

을 유지 한다 해도 얼마 안 가 탄약과 연료가 소모되면 붕괴하는 전선을 틀어막지 못할 것이라는 점을 잘 알고 있었다. 그리고 몽고메리의 예상대로 보급품과 예비병력이 고갈된 주축 군의 방어선에는 구멍이 보이기 시작했다.

시간이 좀 더 지나자, '엘 알라메인'의 주축 군은 예비대를 운용할 연료마저 떨어지는 극한 상황에 몰린다. 주축 군의 위기를 눈치챈 몽고메리 장군은 다시 한 번 막강한 포병을 앞세워 압박을 강화한다. 탄약도, 연료도 바닥나고, 파괴된 전차와 장비들을 보충할 방법조차 없던 주축 군이 방어선을 유지하기는 불가능하다는 사실이 명확해지고 있었기 때문이다. 반대로, 영국군은 넘쳐나는 보급품들을 지속해서 실어 나를 수 있었음은 물론, 파괴된 전차들도 쉽게 보충해 가면서 공세를 수행할 수 있었다. 결국, 롬멜은 눈물을 머금고 후퇴를 명령했다.

롬멜은 '엘 알라메인'을 포기하더라도 어떻게든 영국군의 진격을 막아보려 온 힘을 기울였다. 그러나 그의 아프리카 군단은 이미 패주하고 있었고, 이미 망가져 버린 전선을 회복할 수 있는 여유를 연합군은 허용하지 않았다. 패주하는 중간마다 반격을 시도하기는 했지만, 이미 전장의 주도권은 영국군에게 넘어간 상황이었다. 제아무리 롬멜이 명장이었더라도 일단 주도권을 상실한 상황에서 기대할 수 있는 결과는 '궁극적인 패배의 지연' 이외에는 많지 않았던 셈이다.

모멘텀과 반전의
신호

어떤 물체가 움직이는 속도 변화를 말할 때, '모멘텀'이라는 단어를 많이 쓴다. 예를 들어, 시속 100킬로미터로 움직이는 자동차의 속도가 시속 30킬로미터로 하락하면, '모멘텀이 하락했다'고 하고 반대로 시속 5킬로미터로 움직이던 자동차가 시속 20킬로미터로 움직이면 '모멘텀이 개선됐다'고 한다. 움직이는 속도만을 놓고 보면, 분명 시속 30킬로미터로 움직이는 자동차가 시속 20킬로미터로 움직이는 자동차보다 빠르다. 그러나 모멘텀은 그 반대다. 앞서 언급한 자동차의 예를 자동차A와 자동차B로 나눠 다음과 같이 정리해 봤다.

자동차	1시간 전 속도	지금 속도	모멘텀
A	시속 100킬로미터	시속 30킬로미터	−70퍼센트
B	시속 5킬로미터	시속 20킬로미터	+300퍼센트

만일 여러분이 먼저 시속 50킬로미터를 돌파할 수 있는 자동차가 두 대 중 무엇인가를 판단해 베팅해야 한다면 A, B 자동차 중 어느 자동차를 선택하겠는가? 지금 당장 속도를 생각한다면 당연히 자동차A가 더 유리하다. 그러나 조금이라도 생각할 줄 아는 사람이라면 과거에 시속 5킬로미터로 움직이다가 지금은 시속 20킬로미터로 움직이는 자동차B를 선택할 것이다.

당장 속도는 다소 느리겠지만, 속도가 개선되는 추세, 다른 말로 하면 '모멘텀'이 좋아지는 추세가 조금만 더 오래 유지되더라도 시속 50킬로미터 정도는 쉽게 다다를 수 있을 것으로 보이기 때문이다. 반대로, 자동차A에 베팅하려면 당장 속도가 떨어지는, 즉 모멘텀이 떨어지는 현상이 조만간 바뀔 수 있다는 가정부터 성립해야 한다.

연전연승을 거듭하던 롬멜의 군대가 '엘 알라메인'에서 멈춘 이유는 전투에서 패배했기 때문이 아니라, 진격속도를 더는 유지할 연료가 소진됐기 때문이다. 주식시장에서도 마찬가지 논리가 통용된다. 잘 올라가던 주가가 더 상승하지 못하고 '빌빌 대기 시작하면' 많은 개인투자자는 당장 이렇게 물어온다. '뭐 시장에 악재가 나온 게 있나

Chapter 10 : 동트기 직전 몇 분이 가장 어둡다 엘 알라메인 전투

요?’ 그러나 대부분 주가가 더 상승하지 못하는 이유는 ‘악재가 나왔기 때문’이라기보다는 ‘더는 주가를 밀어 올릴 만한’ 새로운 소식이 나오지 않았기 때문이다. 다시 말해 기갑사단이 계속 진격하기 위해서는 점점 더 많은 양의 보급품이 필요하듯이, 주가가 지속해서 추세를 유지하면서 상승하기 위해서는 점점 높아지는 투자자들의 기대를 만족해 줄 뉴스가 나와줘야 한다. 주가는 계속 상승하는데 나오는 소식이 시장에서 예상했던 수준 정도이면, 새로 주가를 올릴 만한 신규 매수세력을 유입하기 어려워진다.

주가가 하락하는 종목에 대해서는 반대의 논리를 생각해 볼 수 있다. 정신없이 계속 악재가 쏟아져 나오고 있을 때야 기업가치고 뭐고 생각해볼 겨를 없이 투자자들은 주식을 집어 던지기 바빠진다. 자고 나면 나쁜 뉴스가 나오고, 심할 경우 ‘이러다 망할 수도 있다’는 의견도 들리는데 그 주식을 오랫동안 들고 갈 만한 배짱을 가진 투자자들은 많지 않다. 그러나 어느 수준이 되면 나쁜 뉴스가 나와도 주가가 큰 반응을 보이지 않게 되고, 어떤 경우에는 나쁜 뉴스가 나오는 순간부터 오히려 주가가 크게 상승하기도 한다.

상승하던 종목이 모멘텀이 떨어지면서 결국 하락세로 전환하는 현상, 혹은 하락하던 종목이 모멘텀이 강화되면서 상승세로 전환하는 현상을 주식시장에서는 ‘반전(Reversal)’이라고 한다.

사실, 필자 의견으로는 개인투자자들이 가장 좋아하는 주가의 패턴이 바로 ‘반전’이다. 아무래도 개인투자자들은 자기 돈으로 자기가 리스크를 감수하면서 투자를 해야 하는 만큼 올라가는 종목을 따라 매수하기보다는, 주가가 많이 하락하여 기업가치부담이 적은 종목을 저가 매수하기를 선호하는 경향이 강할 수밖에 없다. 개인투자자들을 상대로 주식 관련 조언을 하는 금융관계자라면 '하락하는 종목의 반전시기를 찾아내는 기법'에 대해 좀 더 많은 학습과 경험을 쌓아야 하는 큰 이유가 여기에 있다.

말 많은 2차 세계대전 

2차대전에 대해 전혀 관심이 없는 사람이라도, '사막의 여우' 롬멜이라는 이름은 한 번쯤 들어봤을 것이다. 그만큼 '롬멜'은 2차 세계대전 중 독일군 최고의 명장으로 기억된다. 그러나 조금만 더 깊게 생각해 보면, 그가 지휘했고, 그를 신화적인 명장으로 만든 북아프리카 전투가 2차대전의 향방에 얼마나 큰 영향을 미쳤는가에 대해서는 의문이 들지 않을 수 없다.

독일 육군이 '롬멜'을 맨 처음 북아프리카로 보냈을 때 그에게 주어진 명령은 '이탈리아 동맹군을 지원하는 한도 내에서 방어적으로 움직일 것'이었다. 1941년~1942년의 독일은 결코 물자와 병력이 넉넉한 상황이 아니었다. 그럴 수밖에 없는 것이 독일의 운명을 건 엄청난 소모전이 소련 동부전선에서 벌어지고 있었기 때문이다. 따라서 독일이 '롬멜'을 통해 이루고 싶었던 목표는 북아프리카 전체의 장악이라기보다는 이탈리아 롱맹군이 붕괴하지 않도록 최소한도로 지원하는 일이었을 것이다. 사실, 독일이 북아프리카를 장악한다고 해서 특별히 좋아질 것은 그리 많지 않다. '적당히 움직여서 체면치레만 해라' 하는 것이 애초 지시였는데, '롬멜'이라는 사람은 엉뚱하게 영국군을 대대적으로 공격하여 일을 크게 벌인 것이다.

195

하락 모멘텀이 강해지는 주가에
함부로 덤비지 말라

상승하거나, 하락하는 주가에는 두 가지 힘이 작용한다. 하나는 일정 방향으로 지속해서 움직이고 싶은 '추세'이고, 다른 하나는 단기적으로 너무 많이 하락하거나, 상승했을 때 추세 반대 방향으로 움직이려는 '평균회귀'다. 즉, 주가에는 추세를 유지하고 싶어하는 힘과 그 추세의 중심에서 너무 멀리 떨어지면 다시금 과거 평균수준으로 돌아가고 싶어하는 힘이 동시에 작용하는 것이다.

지금 이 글을 읽는 독자 여러분 자신이 전투 지휘관이라고 생각해 보자. 지금 적의 대군이 마구 침공해 오고 있다. 적의 이동속도는 매우 빠르고 사기도 드높으며 보급도 충분하다. 반면, 여러분이 지휘하는 부대는 초기의 충격으로 혼란에 빠져 우왕좌왕하고, 무엇보다 의지하여 적을 격퇴할 만한 지형지물이 당장 보이지 않는다. 이런 상황을 대처하는 현명한 자세는 무엇일까? 우세한 적에게 무모하게 도전하기보다는 일정 수준 후퇴를 감수하더라도 적의 보급이 어려워지고 진격속도의 모멘텀이 떨어지는 시기를 노려 일제히 반격하는 방법이 제일 좋은 결과를 가져올 것이다.

이제부터는 주식투자자 처지에서 보자. 어떤 종목에 악재, 또는 나쁜 뉴스가 나와서 주가가 마구 하락하기 시작한다. 주가하락 초기에 쏟아지는 물량을 받아내는 전략이 좋을까? 대부분은 아니다. 하락속

투자, 전쟁에 묻다

도의 모멘텀이 점차 빨라지고 하락의 출발점에서 그리 멀리 떨어지지 않은 시점에서 성급하게 저가매수에 참여해 봤자 악화하는 수급과 늘어나는 불확실성에 자신을 노출할 뿐이다.

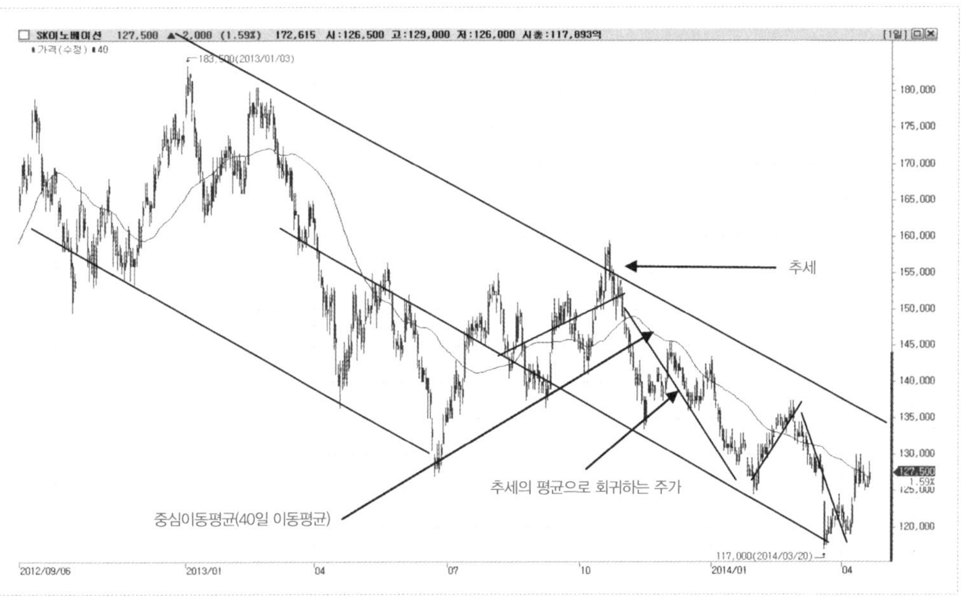

위에 제시한 차트는 우리나라 대표적인 에너지 종목이며, 2010년 ~2011년 주식시장을 주도했던 '차·화·정 테마(자동차·화학·정유업종 테마)'의 핵심이었던 SK이노베이션의 차트다. 동사의 주가는 2011년 주당 25만 원 선에서 고점을 기록한 이후 급락하여 2011년 10월에는 주당 11만 원까지 하락했다가 점진적으로 주가가 회복하여 2013년 1월에는 주당 18만 원까지 반등한 상황이다.

Chapter 10 : 동트기 직전 몇 분이 가장 어둡다 엘 알라메인 전투

2013년 1월, 다시 동사의 주가가 하락하기 시작한 직접적인 이유
는 2012년 4분기 실적의 악화 가능성 때문이었다. 주가도 2012년 예
상실적 기준 PER이 13배 내외로 이전 고점이었던 25만 원 대비해서
는 크게 하락했음에도 그렇게 '싸다'는 생각은 들지 않는 기업가치였
다. 주가도 싸지 않은 종목이 실적 이슈로 하락하기 시작하는데 고점
대비 조금 하락했다고 해서 성급하게 달려들어 봤자 큰 이득이 날 가
능성이 적은 것이다.

그리고 실제로 SK이노베이션은 2013년 상반기 내내 실적 부진
에 대한 우려에 시달렸다. 주가가 안정을 찾은 시기는 2013년 예상
실적 기준 PER이 10배 수준으로 하락한 2013년 7월경이었다. 이미
투자자들이 나쁜 뉴스에 적당히 익숙해졌고, 추가로 좋지 않은 이슈
가 생기더라도 더는 주가가 하락할 수 있는 여지가 크지 않을 때 주
가는 비로소 저가매수를 할 수 있는 여력을 갖출 수 있음을 보여주
는 사례다.

추세와 모멘텀의 반전을 활용한 매매전략

그렇다면, 추세의 중심선에서 주가가 얼마나 떨어졌는지, 혹은 추세
의 중심선에서 많이 떨어져 있는 상황에서 주가의 모멘텀이 반전될
조짐을 보이고 있는지를 실시간으로 확인해 볼 수 있다면 주식매매
에 큰 도움이 될 수 있지 않을까? 그렇다. 그리고 사실 단기적인 관점

의 기술적매매를 선호하는 투자자들이 자주 사용하는 방법이 이 방법이기도 하다. 즉, 추세 중심과 비교하여 가격이 많이 하락해 있는 종목의 모멘텀 추이를 잘 관찰하고 있다가 모멘텀이 반전되는 시기를 노려 매수로 받아치는 것이다. 말할 필요도 없이, 이런 전략이 항상 수익을 내는 것은 아니겠으나, 최소한 고점에서 갑자기 하락하는 종목을 무리하게 매수하는 전략보다는 합리적인 선택인 걸로 보인다.

추세 중심에서 주가가 얼마나 많이 움직여 있나를 측정하는 대표적 기술 지표는 '이격도'와 '채널지표'다. '이격도'는 주가와 추세의 중심이 되는 이동평균선부터의 거리를 측정하는 지표로, 나름 많이 활용되는 지표이나, 이 지표 하나만으로는 단순한 '과매도'와 '과매수' 이상의 의미를 찾기는 힘들다는 단점이 있다.

이 책에서는 채널지표에 대해서만 언급할 생각이다. 채널지표는 이동평균선을 중심으로 과거의 주가에 기초하여 주가가 움직일 수 있는 '상단'과 '하단'을 채널로 표시해 주는 지표이다. 대표적인 채널지표가 바로 '볼린저밴드'인데, 예로 설명해 보도록 하겠다.

볼린저밴드 원리를 이해하려면 고등학교 때 배운 통계 과목에 대한 기억을 좀 살려낼 필요가 있다. 대부분 독자는 거의 기억하지 못할 것이나, 통계에서는 '확률의 정규분포'라는 원리가 있다. 주가처럼 예측 불가능한 변수들로 구성된 표본의 크기가 커지면, 특정한 값이 발생할 확률은 정규분포를 따른다는 이야기인데, 이 대목에서 정규분포에 대해 더 나아가면 혼란만 가중되므로 바로 결론을 말하겠다.

볼린저밴드 원리는 만일, 특정 주가가 정규분포를 따른다면 95퍼
센트의 신뢰도를 가지고 주가가 나타날 수 있는 구간은 '평균 + 표준
편차의 2배 〉 평균 〉 평균 - 표준편차의 2배'라는 것이다. 따라서 '평
균 + 표준편차의 2배'가 볼린저밴드의 상단부가 되고, '평균 - 표준편
차의 2배'는 볼린저밴드의 하단부가 된다. 평균은 20일 이동평균을
사용하는 경우가 대부분이다.

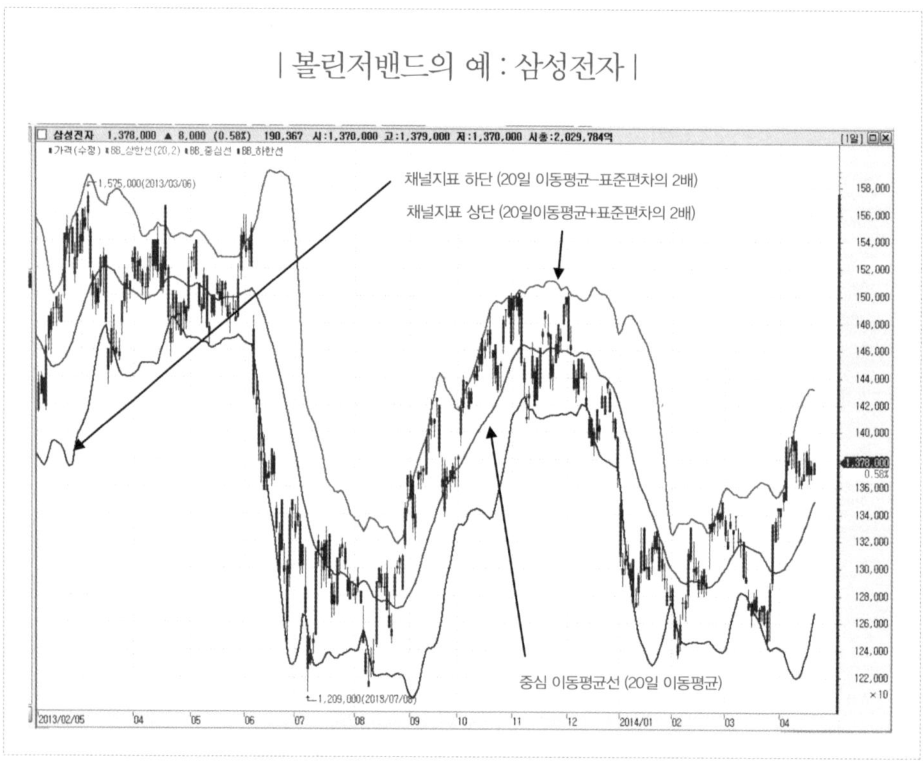

| 볼린저밴드의 예 : 삼성전자 |

투자, 전쟁에 묻다

모멘텀 지표는 자동차의 속도계를 생각하면 이해가 빠르다. 한마디로 주가가 움직이는 속도를 측정하는 지표다. 모멘텀지표도 여러 가지가 사용되는데, 필자는 '스톡캐스틱'이라는 지표를 주로 사용한다. 이 역시 한마디로 정의하기는 어려우나, 주가의 단기 모멘텀을 측정하는 대표적인 지표로 특정 기간 중 주가의 종가, 고가, 저가와의 차이를 측정한 지표라고 이해하면 큰 무리가 없을 것이다. 즉, 주가가 상승 모멘텀이 빨라지고 있다면 종가는 고가 부분에서 형성이 되겠고, 만일 주가의 하락 모멘텀이 빨라지고 있다면 주가는 저가 부분에서 형성된다는 가정에 기초하여 만든 지표가 스톡캐스틱인 셈이다. 트레이더 성향에 따라 다소 달라지나, 보통 스톡캐스틱이 20~30 이하면 과매도권, 즉 주가가 너무 많이 하락한 구역으로 판단한다. 70~80 이상이면 과매수권으로, 주가가 너무 많이 상승한 구역으로 판단한다. 아래 차트는 필자가 사용하는 '40일 스톡캐스틱을 활용한 주가 모멘텀 측정'의 예다.

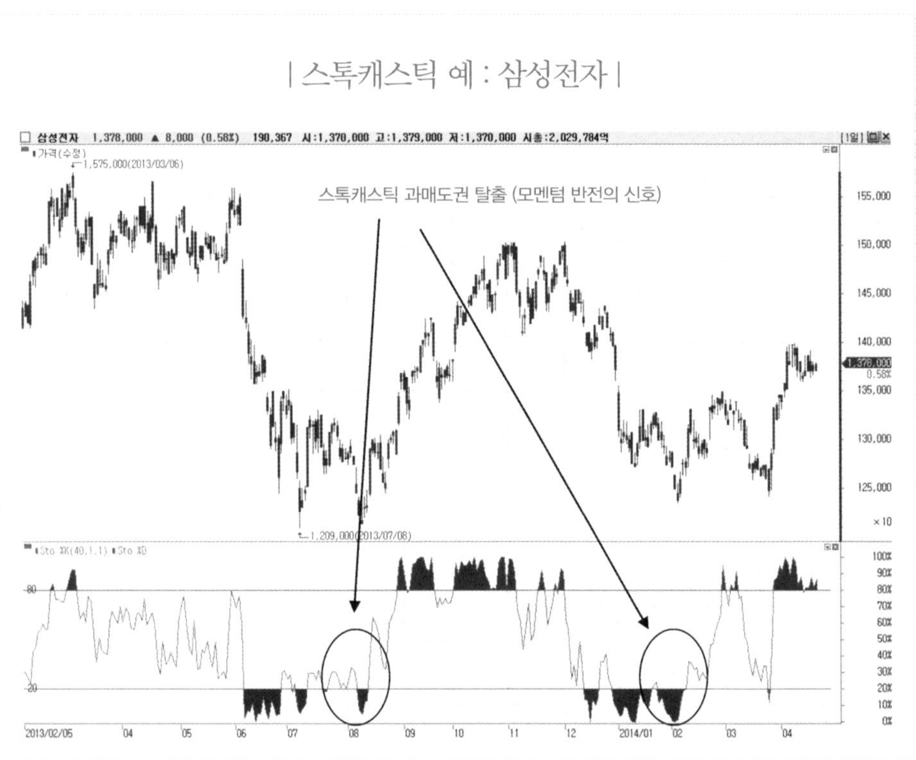

 이 정도 설명하면 필자의 의도를 이해하는 독자들도 나타나리라 기대해본다. 주가가 하락하여 채널지표의 하반부까지 도달하거나, 또는 하반부를 이탈하였다가 다시 채널 안으로 들어오고, 동시에 모멘텀지표도 과매도권에서 반전하는 모습을 확인하면 주식을 매수하는 전략이 바로 '추세와 모멘텀의 반전을 활용한 매매전략'인 셈이다. 아래 제시된 OCI의 예를 살펴보자.

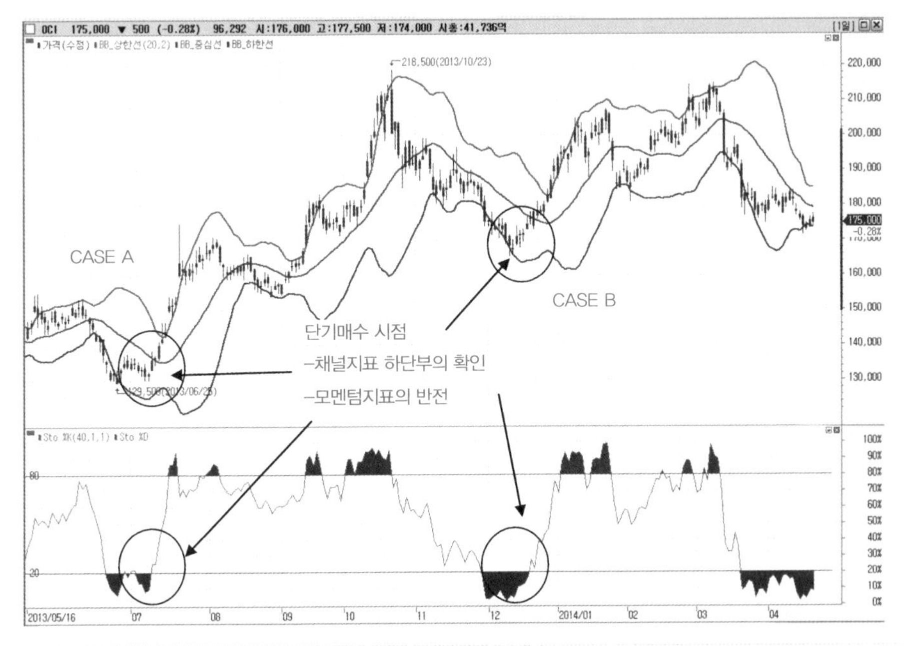

OCI는 국내 태양광업종의 선도업체로 2011년 65만 원까지 상승하기도 했으나, 곧이어 과잉공급 논란에 휘말리면서 2013년 중반에는 13만 원 아래까지 하락한 상황이었다.

CASE A를 보자. 14만 원대에서 바닥을 확인한 듯한 모습을 보였던 OCI 주가는 2013년 초반부터 다시 하락을 시작해 2013년 중반에는 13만 원을 밑돌기도 한다. 당시 주가 흐름을 보면 볼린저밴드 하단부를 계속 타고 내려가고 있었으며, 모멘텀지표인 40일 스톡캐스틱도 하락하고 있거나 침체권인 20 이하에서 반등을 못하고 있다. 아직 적극적인 저가매수세가 들어오지 않고 있는 가운데 투자심리도 과거 주가수준과 비교할 여유가 없을 정도로 불안하다는 점을 기술적 지표들은 반증하고 있다.

그러나 2013년 7월 언저리부터는 주가하락의 모멘텀에 변화가 나타나기 시작한다. 볼린저밴드의 채널 밖으로 이탈했던 주가가 다시 채널 안으로 들어오고 40일 스톡캐스틱도 반등해 침체권인 20을 상향돌파했다. 즉, 13만 원까지 주가가 지속해서 하락하다 보니, 주가하락의 모멘텀이 현저하게 약화됐다는 걸 확인할 수 있는 것이다. 그 이후 주가는 20만 원 수준까지 반등에 성공한다.

CASE B를 보자. 마찬가지다. 21만 원 수준에서 고점을 찍은 주가가 17만 원 수준까지 하락하고 있다. 일시에 볼린저밴드 하반부를 주가가 이탈하는 모습을 보니, 그때도 역시 투자심리가 정상은 아니었던 것으로 보인다. 그러나 2013년 12월부터는 주가가 다시 채널 안으로 진입하고 모멘텀 지표도 20 이상으로 다시 올라왔다. 그때 주가가 17만 원 수준이었는데, 이후 주가는 21만 원까지 반등에 성공한다.

이 책에서 계속 반복하는 부분인데, 개인투자자들이 자주 저지르는 실수 중 하나가 바로 '성급하고 근거 없는 의사결정'이다. 인기 있는 종목의 주가가 조금 하락했다고 해서, 혹은 그냥 많이 하락한 것처럼

투자, 전쟁에 묻다

보여서 덥석 매수하는 것을 말한다.

　주가에는 '모멘텀'이란 녀석이 분명히 존재한다는 것이다. 추세에서 멀어질수록 모멘텀이 약해지고, 추세의 중심으로 돌아가려는 움직임이 시작될 때 모멘텀이 커질 여지가 가장 크다는 점을 이해하기만 해도 많은 실수를 피할 수 있다. 강화되는 모멘텀에 맞서기보다는 추세로부터 주가가 너무 멀리 나온 종목의 모멘텀이 약화하는 시기를 노리는 전략, 아마 이쪽이 투자의 정석에 더 가깝지 않을까 싶다.

말 많은 투자정보

아무리 한때 우량종목이었더라도, 하락 모멘텀이 강화하고 있는 종목을 '고점 대비 낙폭이 크다'는 이유로 덥석 매수하는 전략은 좋은 결과를 가져오기 힘들다. 주가의 상승 여부는 기업의 펀더멘털 개선과 수급, 그리고 좋은 뉴스 등으로 결정될 뿐 주가의 낙폭은 큰 변수가 되지 않기 때문이다.

〈시티그룹 주가와 S&P500지수 추이〉

Chapter 10 : 동트기 직전 몇 분이 가장 어둡다 엘 알라메인 전투

미국의 소매금융을 대표하던 시티그룹의 주가는 2007년~2008년 금융위기를 거치며 주당 50달러에서 2달러 수준까지 하락했다. 제아무리 우량종목이라 해도 기업의 펀더멘털이 망가지는 동안에는 주가의 하락이 멈추지 않는다는 점을 보여주는 좋은 예이다. 따라서 낙폭과대 종목을 매수하고 싶다면 다음과 같은 3가지 정도는 확인할 필요가 있을 것이다.

1. 추가적인 악재가 나와도 충분히 버틸 수 있을 만큼 지금 주가는 기업가치 매력이 충분한가?
2. 만일 이 수준에서 주가가 더 하락한다면 예상되는 기술적 지지선은 어디인가?
3. 주가 하락 모멘텀의 약화 및 반전의 시그널은 포착되었는가?

투자, 전쟁에 묻다

돌파의 미학

| 코브라 작전 |

• 뚫리는 쪽으로 믿으라 •

'한방'의 시원한 돌파
(Operation Cobra)

모든 전투에는

전쟁의 주도권을 쥐고 공격에 임하는 '공격군'과 상대의 전진을 더는 허용하려 하지 않는 '방어군'이 존재한다. 공격하는 자는 적에게 전선을 정비할 시간을 주지 않기 위해 공격의 고삐를 늦추지 않을 것이고, 방어하는 자 또한 적의 공격 가속도를 조금이라도 둔화시키기 위해 남은 전력을 쏟아 부을 것이다. 이때 방어하는 군대는 주로 유리한 지형에 의지하여 부대들을 연결하는 '선'을 구축하고 적을 맞아들이는데 이것이 '방어선'이다. 역사에 대해 큰 관심이 없으신 독자라도 한국전쟁 때 대한민국을 위기에서 구했던 '낙동강 방어선'을 생각해 본다면, '방어선'이라는 개념에 대해서는 쉽게 이해할 수 있을 것이다.

그럼 '방어선'을 만드는 데 성공했다고 해서, 방어자가 한숨 놓을 수 있느냐 하면, 그것도 아니다. 적 공세를 막아내는 동안에야 방어선은 든든한 성벽처럼 작용할 수 있지만, 만일 한 군데라도 큰 구멍이 생기면 방어선 전체가 흔들림은 물론, 재수 없으면 방어하는 병력 전체가 포위당하는 위험에 처할 수도 있다.

그래서 방어선을 형성할 때는 후방에 일정 규모의 '예비대'를 배치해 방어선을 뚫고 진입하는 적을 틀어막는 임무를 부여한다. 그러나 만일 이 예비대마저 존재하지 않는 상황에서 방어선이 뚫리면 그야말로 방어자는 속수무책이 되고, 전세는 일시에 기울어질 수밖에 없다. 이것이 바로 '돌파'다.

1944년 6월, 성공적으로 유럽대륙에 상륙한 연합군은 뜻밖의 장애물을 만나 고전하고 있었다. 계획상으로는 일단 상륙에만 성공하면 프랑스 평원지대를 가로질러 단숨에 독일 국경까지 진격할 수 있을 것으로 보았는데 그게 마음대로 되지 않았던 것이다. 크게 두 가지 이유가 있었다. 하나는 서부전선 전역에서 달려온 독일군들의 미친 듯한 저항 때문이었고, 다른 하나는 연합군이 상륙한 노르망디 지역의 지형 때문이었다.

연합군의 원래 계획은 노르망디에 상륙하자마자 전략적 요충지인 '캉(Caen)'을 확보하고, 장기인 기동력을 살려 단기간 내 프랑스의 독일군을 포위·섬멸하는 것이었다. 그런데 독일군 또한 '캉' 및 그 주변지역이 가진 전략적 가치를 잘 알고 있었다는 점이 문제였다. 캉은

노르망디 지역의 교통 요충지로서, 일단 연합군의 전차부대가 캉을
돌파하여 넓은 도로가 뚫려있는 평원지역으로 진입하면 병력이 열세
인 독일군이 연결된 방어선을 형성할 수 있는 지역은 프랑스 내에는
사실상 존재하지 않는다. 즉, 캉을 중심으로 한 방어선이 뚫리면 독일
국경지대까지 파죽지세로 진격하는 연합군을 막을 수 있는 수단이
없어지는 셈이다. 따라서 서부전선에서 독일군이 확보할 수 있었던
최고의 기갑부대들은 캉 지역에 우선 배치되었고, 이들의 결사적인
방어로 영국군과 캐나다군은 좀처럼 앞으로 나가지 못하고 있었다.

그럼, 영국군과 캐나다군이 독일군 기갑부대들의 결사 항전에 고전
하는 동안 같이 상륙한 미군은 뭐 하고 있었느냐고 물을 수 있겠는데,
미군 사정 또한 그리 좋지는 않았다. 물론, 독일군의 저항도 문제였지
만 더 큰 골칫거리는 지형이었다.

미군이 담당한 지역은 노르망디 지역 농부들이 밭 사이에 영역을
구분하기 위해 구축해 놓은 이른바 보카주(Bocage)라는 관목지대와
흙벽으로 둘러싸여 있었던 것이다. 넓은 밭에 가로 세로로 수많은 흙
벽이 경계를 이루고 있다면 이해하기 쉬운데, 이런 지역에서 독일군
의 치열한 저항을 뚫고 진격하기는 진짜 쉬운 일이 아니었다. 가령 흙
벽을 탱크로 밀고 들어가면 상대적으로 장갑이 약한 하부가 적의 포
화에 노출된다. 그렇다고 보병이 앞장서면 건너편 흙벽에 엄폐한 채
쏘아대는 독일군의 기관총과 박격포에 막혀 전진할 수 없게 되는 것
이다. 일이 이렇게 되다 보니, 애초 생각했던 기동전은커녕 두 달에

가까운 시간 동안 연합군은 노르망디 교두보 안에서 봉쇄된 채 사상자만 키우는 신세가 되고 말았다.

앞서 이야기했듯이 도로망이 집중돼 있고, 주변이 평원지대인 캉의 가치를 의식하지 않을 수 없었기에, 독일군은 미군보다는 영국군과 캐나다군의 동향에 더욱 관심을 둘 수밖에 없었다. 그러다 보니 영국군과 캐나다군을 마주하고 있던 전선에 비해, 상대적으로 미군을 마주한 지역의 독일군은 양적이나 질적으로 다소 떨어지는 부대들로 바뀌고 있었다. 말하자면, 영국군과 캐나다군 진격은 어떻게든 긁어모은 기갑 전력으로 막아내고, 미군 진격은 험한 보카주(Bocage)로 뒤덮인 지형지물에 의존해보자는 것이 독일군의 심보였다.

전투가 7월 하순으로 넘어가면서, 독일군 방어선이 서서히 균형을 잃어가고 있다는 점이 연합군에게도 분명히 인식됐다. 그리고 이러한 정보를 바탕으로 연합군은 상대적으로 방어가 허술한 미군 지역에서 방어선을 돌파해 독일군 후방으로 진입함으로써 프랑스 내 독일군을 일거에 포위·섬멸하기 위한 '코브라 작전(Operation cobra)'에 착수한다. 코브라 작전의 핵심은 영국과 캐나다 군이 일단 캉(Caen) 지역에서 기만적인 공세를 취하고, 독일군이 가용한 기갑 전력들이 모두 그 지역으로 털어 넣으면, 미군이 곧 뒤통수를 친다는 개념이었다.

기상악화로 이 작전이 일시 연기되기는 했으나, 7월 말 미군은 노르망디 교두보의 돌파를 목적으로 하는 코브라 작전을 시작할 수 있었다. 역시 엄청난 공군력을 보유한 연합군답게 대규모 폭격으로 대공세를 시작했는데, 일단 이 폭격만으로도 미군과 마주하던 독일군 사단들은 부대 단위 간 연락이 끊기면서 조직적인 저항이 불가능하게 되었다. 전투 중, 부대 간 연결이 단절되면 일부 거점을 중심으로 한 소규모 저항으로는 대세에 큰 영향을 미칠 수 없게 된다.

독일군도 부랴부랴 미군 진격을 저지하고자 국지적인 반격을 시도하기도 했다. 하지만 이 또한 연합군이 원하던 바였다. 넓은 평지에서 우세한 공군력과 화력을 동원해 독일군을 마음껏 두드릴 기회를 잡았던 것이다. 결국, 구멍 난 댐에서 밀려드는 물처럼 마구 진격하는 미군을 막을 방법이 더는 존재하지 않는다는 점을 깨달은 프랑스 전선의 독일군은 일제히 독일 국경을 향해 철수하기 시작했다. 그러나 가용한 부대들을 모두 노르망디 전선에 집어넣은 상황에서, 별다른 예비대도 없이 전선이 돌파된 상황이므로, 독일군이 국경까지 조직적으로 후퇴하기는 처음부터 불가능에 가까웠다.

마침내 두 달이나 노르망디 교두보에 갇혀있던 연합군은 코브라 작전을 계기로 마음껏 프랑스 평원을 달려나갈 수 있었다. 코브라 작전을 시작한 시기가 7월 25일이었는데, 8월 말에는 이미 노르망디 진선에 동원된 독일군 전체가 포위되는 지경에 이르렀다. 이 와중에 히틀러는 신속한 후퇴 대신 광기 어린 역습을 지시하지만, 연합군의 포위망 안에 들어갈 독일군 숫자를 늘린 것 이외에는 전선에 어떠한 영향도 미칠 수 없었다. 연합군으로선 '한 방의 시원한 돌파'로 두 달간의 지겨운 소모전을 결정적인 승리로 전환할 수 있었다.

뚫리는 쪽으로
믿으라

방어선이 돌파되는 시점의 추격 매수

예전에 필자가 지인에게 특정 종목의 주가가 왜 상승하느냐고 물어본 적이 있다. 날아온 대답이라는 것이 '주식을 사고 싶은 사람이 팔고 싶은 사람보다 더 많기 때문'이란다. 어이없는 말이지만, 사실이 또 그렇기도 하니 별다른 반박을 하지 않았다.

사실이다. 주가가 오르는 이유는 기업의 펀더멘털이 좋기 때문이기도 하지만 당장 그 주식을 사고 싶어하는 사람이 팔고 싶어 하는 사람보다 한 명이라도 더 많기 때문이다. 즉, 주가를 움직이는 일차적인 힘은 수급의 균형이다.

주가라는 것이 급등락하다가도, 어느 선에서는 무너졌던 매도세력
과 매수세력의 균형이 급속히 회복되는 국면이 나타나기 마련이다.
'무한정 하락하거나, 상승하기만 하는 주가는 존재할 수 없다. 주식
투자자들은 이렇게 주가의 모멘텀이 약해지고 반전의 시도가 나타나
는 곳을 저항선 혹은 지지선이라고 부른다. 즉, 상승하던 주가가 더는
상승을 못하고 차익매물이 강력히 나타나는 라인이 '저항선'이고 하

| 저항선과 지지선의 예 |

Chapter 11 : 돌파의 미학 코브라 작전

락하던 주가가 급격히 저가매수가 들어오면서 하락세가 멈추는 라인이 '지지선'이다.

위 그림에서 나타나듯이 주가의 상승이 지속해서 가로막히는 라인, 즉 '저항선'은 이전 고점이나, 고점을 연결한 추세의 상단부에서 자주 나타난다. 어떤 경우에는 상대적으로 거래가 많이 이뤄졌던 가격구간에서 강력한 저항선이 나타나기도 한다.

위 차트는 포스코 '매물대', 즉 집중적으로 거래가 있었던 가격구간

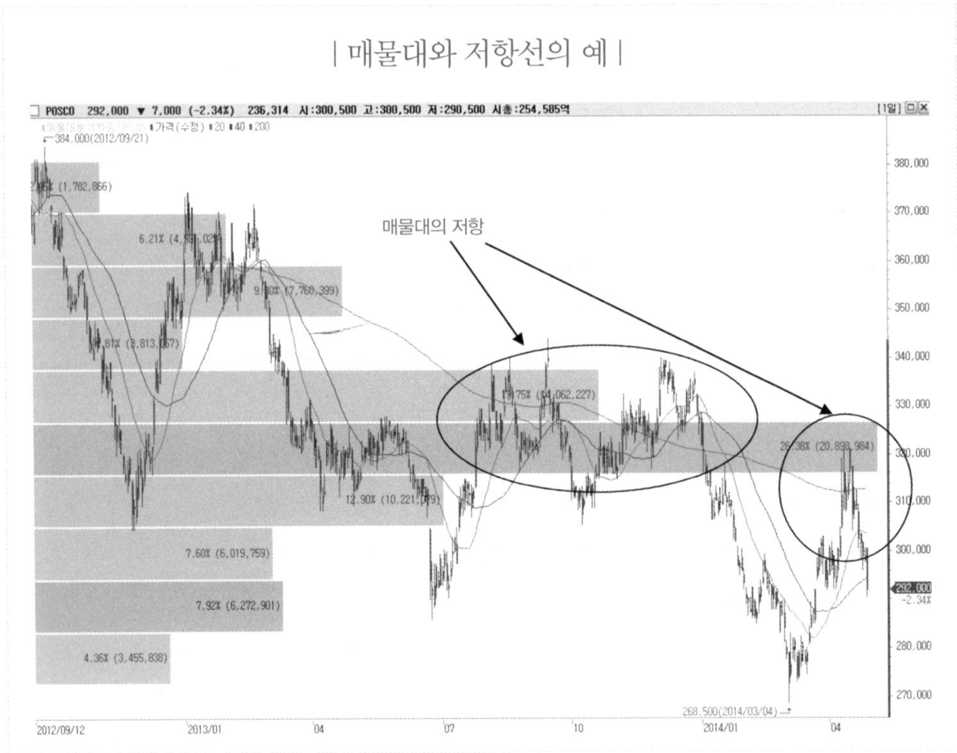

| 매물대와 저항선의 예 |

과 포스코 주가를 보여주고 있다. 역시 상당히 거래가 많았던 32만 원 선에서 강력한 저항이 나타났다는 것을 쉽게 알아볼 수 있다.

'거래가 많았던 구간' '고점들이 많이 위치한 구간' 혹은 '하락하는 이동평균선이 위치한 구간' 등은 잠재적인 매물이 출현할 가능성이 높은 가격대다. 이른바 '방어선'이 만들어질 만한 지형인 셈이다. 따라서 비록 주식을 매수하면서 가격을 올리는 매수세력이 존재하더라도 어느 정도 수익이 난 상황에서 저항선에 부딪힌다면 무리하게 쏟아지는 매물을 받아내려 하기보다는 적당히 발을 빼려 할 가능성이 높다.

| 저항선의 돌파와 주가 사례 : SK하이닉스 |

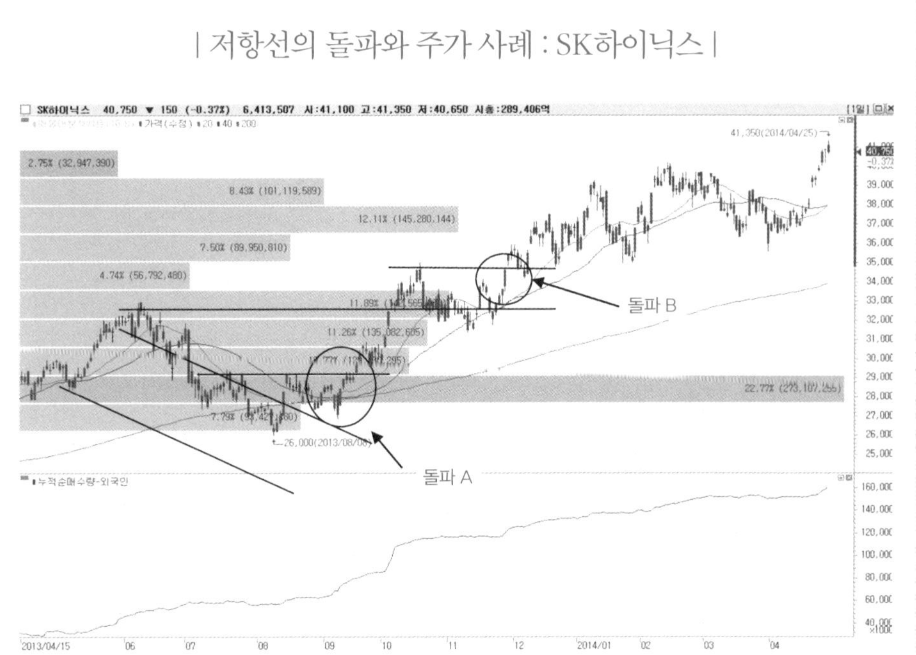

그러나 만일 그 매수세력이 외국인·기관 등 상당한 자금력을 가진 수급주체이거나 그 기업의 펀더멘털의 변화에 대해 확신을 하고 주식을 매수하는 중이라면 반대 현상이 나타난다. 즉, 저항선이 '돌파' 되는 것이다.

위 차트는 2013년 2분기~2014년 1분기까지 SK하이닉스의 주가를 나타내고 있다. 우선 2013년 8월에서 9월 사이의 주가 추이를 살펴보자. 우선, 2013년 6월 3만 2,000원에서 고점을 찍은 후 8월 2만 6,000원까지 하락했던 추세의 반전이 눈에 보인다. 이후 2만 6,000원에서 안정을 찾은 SK하이닉스의 주가는 2만 9,000원을 넘어서게 되는데 이것은 1차 돌파다.

2만 9,000원은 두 가지 이유에서 중요한 저항선이라고 할 수 있다. 첫 번째 이유는 위 차트가 보여주는 대로 많은 거래가 이뤄졌던 중요한 매물대의 상단에 있기 때문이고, 두 번째 이유는 2013년 7월과 8월의 고점을 연결한 선이 지나가는 라인이기 때문이다. 따라서 상식적으로 상당한 매물이 나올 수 있는 가격대임에도 뜻밖에 쉽게 돌파됐다. 뭔가 강력한 힘을 가진 수급주체가 밀고 들어온다는 이야기인데, 아니나 다를까 주 매수창구를 보면 돌파의 주역이 외국인들이다. 개인투자자들이 매물을 던지며 만들어 놓은 1차 방어선을 외국인이 강력한 매수세로 보란 듯이 돌파해 버린 것이다. 기업가치 측면에서 봐도 2만 9,000원이라고 해봤자 2014년 예상실적 기준 PER 6배~7배 수준으로 큰 부담은 없다. 2만 9,000원 라인이 돌파된 이후 주가는 다음 저항선인 3만 4,000원 선까지 쉽게 상승한다.

다음 저항선인 3만 4,000원~3만 5,000원 라인은 이전 저항선만큼 중요한 라인은 아니다. 그러나 2013년 6월 하락추세가 시작하기 전의 고점이 있고, 2013년 9월~10월 랠리의 고점이기도 했던 만큼 일부 차익매물이 나오면서, 완만한 조정이 나타나는 눌림목이 만들어진다. 결국, 개인투자자 중심의 저항이 있기도 했으나, 외국인들은 이 저항선마저 아주 우습게 돌파해 버렸다. 기업가치 기준으로 보면 3만 4,000원은 2014년 예상실적 기준 PER 7배~8배, PBR 1.4배 수준으로 여전히 큰 가격부담이 없는 상태다.

자, 지금까지 이번 장에서 이야기했던 사례를 정리해 보자. 기업의 가치상 가격부담이 없는 우량종목에 대해서 외국인·기관이 공격군(매수주체)이고 개인투자자들이 방어자(매도주체)라면, 방어선이 돌파되는 시점에서 추격 매수에 나서는 전략이 유효하다. 아무리 생각해 봐도 매집 강도나 정보의 취득·분석 능력에서 개인투자자들이 외국인·기관들이 공격적인 매수세를 성공적으로 방어하기는 어려워 보이기 때문이다.

이런 때에는 개인투자자들의 매물이 고갈되고, 결국 외국인·기관들의 매수세 앞에서 전열이 무너지는 것을 확인한 후, 즉 명확한 돌파의 신호를 확인한 뒤 외국인 편에 서서 매수에 동참한다면 좋은 성과를 기대할 수 있을 것이다.

Chapter 11 : 돌파의 미학 코브라 작전

2차대전 중, 한 방의 시원한 '돌파'로 전장의 주도권을 잡아버리는 때도 꽤 있었으나 뜻밖의 저항에 걸려 결국엔 막대한 피해만 본 때도 허다했다. 가장 대표적인 경우가 '머나먼 다리'라는 영화를 통해 알려진 '마켓 가든 (Market Garden)' 작전이다. 1944년 가을에 감행된 이 작전은 '한 방의 돌파'로 네덜란드를 가로질러 독일까지 내닫는다는 엄청난 목표를 가지고 출발했다. 그러나 이렇다 할 성과 없이 흐지부지 덮히고 만다. 당연한 이야기이나, 연합군과 독일군 간 병력과 화력 차이는 비교 자체가 되지 않았다. 하지만 '운하의 나라'인 네덜란드의 지형 자체가 '한 방의 시원한 돌파'를 허락하지 않은 것이다. 아무리 전력이 우세하더라도 진격하는 길이 좁고, 적이 다리 한두 개만 끊어 놓으면 전 부대가 발이 묶이는 지역에서 '전광석화' 같은 진격속도를 기대한다는 발상 자체가 무리였다.

기술적 매매의 전문가들이 주가가 많이 하락한 종목보다는 전 고점을 돌파하는 종목을 자주 권하는 이유도 여기에 있다. 큰 거래량 없이 주가가 급락한 경우는 예외로 해야 할 것이나, 주가가 장기간 하락했다는 것은 그만큼 잠재적으로 나올 수 있는 매물이 많다는 사실을 의미한다. 즉, 제아무리 수급을 견인하는 세력과 좋은 재료가 있어도, 고비마다 높은 가격에 매수했던 투자자들의 손절매 물량이 쏟아진다면 수급이 버틸 재주가 없다.

반면, 주가가 전 고점을 돌파했다는 뜻은 그 가격 이상에서 주식을 매수한 투자자가 근래에는 없다는 의미다. 간단히 말해 '물린' 사람이 없으니, 쉽게 차익매물을 내놓을 수 있는 투자자도 없는 것이다. '한

투자, 전쟁에 묻다

방의 시원한 돌파'로 일정 기간 큰 저항 없이 주가가 상승할 확률은 많이 하락한 종목보다는 전 고점을 돌파한 종목 쪽이 높아 보이는 이유이다.

원형바닥형에 주목하라

지금 이 자리에서 수많은 '돌파의 패턴'들을 일일이 설명하기는 어렵다. 그러나 필자가 가장 선호하는 대표적인 '돌파의 패턴'을 들라면 주로 주가의 급등 후 눌림목 현상에서 나타나는 '원형바닥형'을 꼽고 싶다.

아래 LG하우시스 차트에서 볼 수 있듯이 '원형바닥형'은 급등 이후 주가가 완만하게 조정을 받는 과정에서 주로 나타난다. '원형바닥형'을 한마디로 정의한다면 '서서히 달궈지는 패턴'이라고 할 수 있다. 즉, 주가가 일정 수준 급등한 이후 매수주체가 서서히 여유를 가지고 저가에 차익 실현 매물을 소화하려 할 때 주로 나타나는 패턴이다.

급등 후 눌림목에서 나타나는 바닥은 다소 옆으로 늘어지기는 하나, 크게 조정은 받지 않기 때문에 주방에서 사용하는 '원형냄비의 바닥'과 같은 모습을 보이는 것이다.

수급 측면에서 보면 이러한 '원형바닥'은 두 가지 중요한 의미를 지닌다.

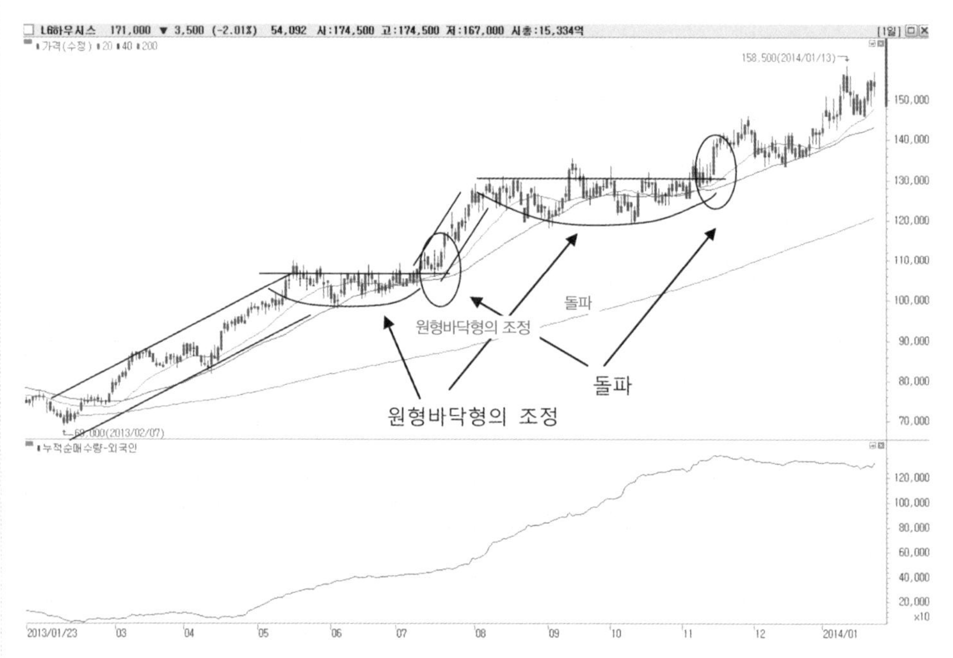

1. **원형바닥형은 가격 매력에 대한 공감대 확인을 의미한다.** 즉, 장기적으로 보면 상승할 여지가 충분하나, 단기적으로 상승 여지에 대한 시장의 공감대를 형성해 나가는 기간이 필요할 때 나타나는 패턴이 원형바닥형이다.

2. **원형바닥형은 차익 실현 매물을 긴 호흡으로 천천히 받아내고 있다는 의미가 있다.** 아무리 주가가 단기간에 크게 상승하더라도 종목에 대해 확신하고 매집하는 긴 안목의 투자자가 있기 때문에 차익매물

이 나오는 와중에서도 큰 주가의 조정 없는 완만한 기간조정이 가능
해지는 것이다.

　위에 제시한 LG하우시스는 두 번의 원형바닥형 패턴이 출현했으
며, 두 번 모두 매수주체는 외국인, 매도주체는 개인투자자였다. 1차
원형바닥형의 돌파가 있었던 2013년 7월 이후 불과 1개월 동안 주가
는 11만 원에서 13만 원 수준까지 상승했으며, 2차 원형바닥형의 돌
파가 있었던 2013년 11월부터 2014년 2월까지의 기간 동사의 주가
는 13만 원에서 17만 원까지 상승했다.
　외국인들이 공격하고(물량을 쓸어 담고), 개인투자자는 방어하며(지속해
서 오를 때마다 매물을 내놓고 있으며), 급등 후 주가가 완만하게 조정을 받다
가 전 고점을 돌파하는 종목이라면 관심을 두고 지켜봐야 이유가 이
경우에서도 나타난 셈이다.

지금까지 이야기했던 '돌파'의 경우는 외국인·기관투자자가 매집하고 개인투자자들이 매물을 던지는 경우들이었다. 그럼 만일 공격과 방어의 주체가 바뀐 경우의 결과는 어떨까? 다시 말해 주요 저항선에서 매집의 주체가 개인투자자이고, 매도의 주체가 외국인·기관이었던 경우의 결과는 어떠했을까?

| 주요 저항선에서 매수주체가 개인, 매도주체가 외국인·기관이었던 예 |

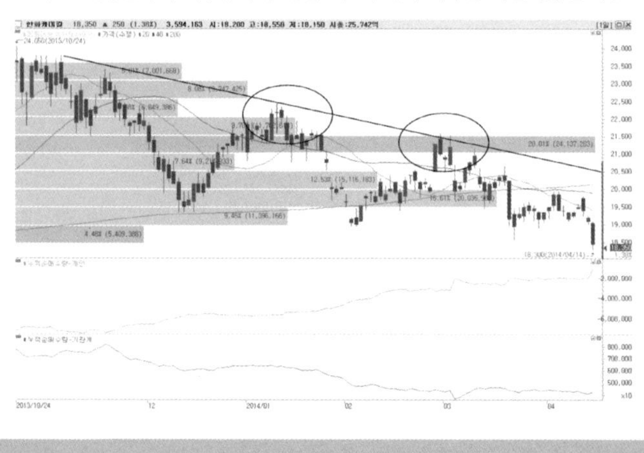

위 한화케미칼의 예를 보자. 2013년 하반기부터 2014년 초까지 주가의 주요 저항선은 누구의 눈으로 봐도 대략 2만 1,000원~2만 2,500원 선이었을 것이다. 우선, 매우 두터운 매물대가 보이고, 지속해서 낮아지는 고점이 지나는 추세선이 또한 거기다. 워낙 주가가 고점에서 급락했던 탓에 돌파 시도는 두 차례나 있었으나, 모두 비참한 실패로 끝난다. 그 이유야 여럿이겠으나, 역시 가장 큰 이유는 공격하

는 쪽, 즉 매집하는 쪽이 개인이고, 방어하는 쪽, 즉 매물을 내놓는 쪽은 기관투자자였기 때문이라고 할 수 있다. 이 정도면 '돌파'와 '추세 지속'이 결정되는 국면에서 누구의 편에 서서 매매해야 하는지 충분히 알 수 있으리라 믿는다.

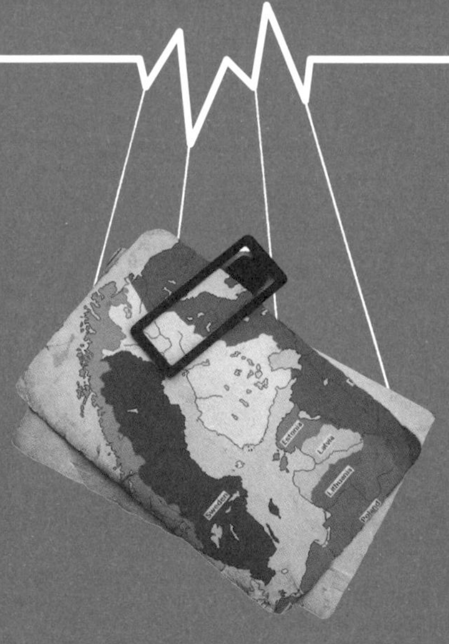

Chapter 12

무슨 말을 하는지
모르겠어요

| 이니그마와 울트라 |

• 그들만의 이야기 •

낮말은 새가 듣고 밤말은 쥐가 듣는다

— 울트라(Ultra)의 암호 해독

2차 세계대전 이전의 전쟁에서, 지휘관들이 직면했던 가장 큰 문제 중 하나가 '통신'이었다. 즉, 전선(戰線)의 정보가 실시간으로 지휘부에 전달되고, 이를 반영한 지휘관의 의사결정 또한 실시간으로 휘하 부대에 전달할 수 있는 통신수단이 마땅치 않았던 것이다. 20세기 초반 이후 급격히 발달한 무선통신기술이 가지는 군사적인 가치에 대해 각국 군대들이 크게 주목한 것은 당연한 이치다. 2차 세계대전이 시작된 1939년 즈음에는 개별 탱크나 비행기 등에도 장착되어 활용될 정도로 무선통신의 군사적인 활용 범위가 넓어진다.

하지만 무선통신의 발전은 지휘관들에게 또 다른 측면의 골칫거리를 안겨준다. 아군의 무선통신을 적 또한 큰 문제 없어 엿들을 방법이 생겨버린 것이다. 만일 중요한 무선통신이 적에게 감청이라도 된다면 적은 아군 지휘관의 의도뿐만 아니라 병력의 배치부터 보급상황 등 중요한 정보들을 취득할 수 있게 된다. 적이 몰래 엿듣는 정보가 대대·연대 수준의 낮은 부대단위라면 그나마 좀 피해가 덜하겠는데, 최고 의사결정자, 가령 참모본부 단위의 정보를 적이 엿듣는 날이면 진짜 큰일이 발생할 것이다. 그래서일까. 무선통신과 함께 발전한 체계가 바로 '암호'이다.

하지만 암호를 사용한다고 해서, 통신망을 엿듣는 적이 아군의 대화를 전혀 알아듣지 못하는가 하면 그것도 아니다. 적 또한 암호화된 통신의 가치를 잘 알고 있기에 인재와 방법을 총동원하여 아군 암호를 해독하기 위해 총력을 기울이기 때문이다. 만약 적이 암호를 해독하고 있음을 눈치챘다면 재빨리 암호를 바꿔 버리면 그만이니, 이때만큼은 큰 피해를 보지 않을 수 있다. 그러나 지속해서 통신이 감청당하고, 암호가 해독되고 있으면서도 그 사실을 깨닫지 못한 채 계속 적이 해독한 암호를 사용한다면 그 피해는 걷잡을 수 없이 커질 수 있다.

예상하지 않았던 뜻밖의 행운에 대해 우리는 '빈집에 소가 들어왔다'는 표현을 쓰곤 한다. 1940년, 2차대전 중 가장 위험한 궁지에 몰렸던 영국의 처지에서 보면 이 표현이 딱 들어맞는다고 할 수 있다.

투자, 전쟁에 묻다

기적 같은 일이 발생했기 때문이다. 독일이 사용하고 있는 암호 중 가장 최고단계라고 할 수 있는 '이니그마(Enigma)'의 부분적인 해독에 성공한 것이다. 영국으로서는 뜻밖의 행운이라고밖에 할 수 없는 것이, 이니그마(Enigma) 해독의 열쇠는 원래 폴란드에서 제공되었기 때문이다. 오래전부터 독일의 의도에 대해 우려하고 있었던 폴란드는 독일의 중요한 암호인 이니그마(Enigma)를 해독하려 안간힘을 쓰고 있었고, 1939년, 영국과 프랑스의 도움을 바라며 이니그마(Enigma)를 해독한 결과를 영국 정보부에 넘겨 준 것이다.(염치없는 일이나 그럼에도 영국과 프랑스는 독일로부터 침략을 받는 폴란드를 위해 어떠한 군사적인 도움도 제공하지 않았다.) 폴란드인들로부터 가치를 측정할 수 없을 정도로 귀중한 정보를 넘겨받은 영국 정보부는 1940년 8월경, 드디어 독일 육군이 사용하던 이니그마(Enigma)암호의 일부분을 해독하는 데 성공한다.

이후, 연합군은 부분적으로나마 독일군 최고위층 간에 오고 가는 통신의 암호체계인 이니그마(Enigma)를 해독하고 이해하는 일이 가능해졌다. 당연히 해독되지 않은 나머지 이니그마(Enigma)도 읽어내기 위해 많은 인력과 자원이 투입되었고, 자연스럽게 이 암호해녹 활동에 대해서도 '암호명'이 붙여졌다. 그 암호명이 바로 '울트라(ultra)'이다. 2차 세계대전 중 이 울트라(ultra)는 무척이나 비밀스럽게 취급되어, 암호해독을 통해 중요한 정보가 입수되더라도, 그 정보는 정말 직접 관련이 있는 극히 소수의 고위 지휘관만이 열람할 수 있었다고 한다.

231

울트라(ultra)가 연합군의 전쟁 수행 능력에 어느 정도로 긍정적인 영향을 미쳤는가에 대해서 정확히 측정하기는 매우 어렵다. 울트라(ultra)의 존재 자체가 전쟁기간 내내 최고 일급비밀로 취급되었고, 전쟁 이후에도 이와 관련된 많은 정보가 오랜 기간 공개되지 않았기 때문이다. 하지만 표면적으로 드러나는 일부 사례만으로도 울트라(ultra)가 연합국 측 고위 의사결정자들에게 매우 중요한 정보와 통찰력을 제공하고 있었음이 드러난다. 예를 들어, 영국은 1942년 북아프리카에서 독일군의 보급사정이 얼마나 심각했는지 울트라(ultra)를 통해 알 수 있었다. 육지뿐만 아니라 바다에서도 울트라(ultra)는 그 진가를 발휘하며 영국을 위기로부터 구하는 데 크게 공헌한다. 당시 영국은 대서양에서 마구잡이로 영국의 상선을 격침 시키는 독일 잠수함 때문에 큰 위기에 빠져 있었다. 그러나 울트라(ultra)를 통해 독일 해군의 암호를 해독하면서 대서양에서 독일 잠수함이 집중적으로 순찰하는 지역을 인지하게 되었고, 이어 많은 선단이 대서양을 무사히 건너도록 유도할 수 있었던 것이다.

'하늘'의 전쟁에서 울트라(ultra)가 연합군에게 기여한 측면도 결코 무시해서는 안 된다. 연합군 지휘관들이 미군·영국군의 폭격이 독일의 산업 생산에 미친 전반적인 영향에 대해 비교적 명확히 평가할 수 있는 정보 또한 울트라(ultra)로부터 얻어낼 수 있었기 때문이다. 특히, 전쟁 후반 연합군이 독일의 유류 생산기반을 집중적으로 폭격한 배경에는 독일군의 유류 사정이 한계에 달하고 있다는 점을 파악할 수

투자, 전쟁에 묻다

있게 한 울트라(ultra)가 있었다. 이 외에도 울트라(ultra)는 독일 전투기 배치 상황 등 매우 가치 있는 여러 정보를 제공하였으며, 심지어 폭격으로 부서진 주요 교량 및 철도시설에 대한 복구상황도 파악할 수 있었다니 이 암호해독의 가치가 어느 정도였는지 충분히 짐작할 수 있다.

그러나 기껏 소중한 정보를 얻어냈음에도 그 정보가 제대로 활용되지 않아 연합군이 큰 타격을 입은 때도 있었다. 1944년 가을, 마켓 가든 작전이 막 시작될 즈음 연합군은 울트라(ultra)로 독일군 최강의 기갑사단 중 일부가 공수부대가 낙하할 예정인 지역에 주둔하고 있다는 정보를 입수한다. 이 정보는 곧 현지에 있는 네덜란드 첩보조직에 의해서도 확인됐는데, 무슨 이유에서인지 이 정보가 전달된 이후에도 작전계획에는 아무 변화가 없었다. 결국, 수많은 공수부대원이 '적진의 텅 빈 배후'가 아니라 '재배치된 기갑사단' 위로 떨어졌다. 이후 벌어진 전투 결과는 굳이 알아볼 필요조차 없다. 경무장의 공수부대와 전차를 장비한 기갑사단이 전투를 벌이면 기갑부대 쪽이 압도적으로 유리해지는 법이다. 아무리 좋은 정보를 얻었더라도 제대로 의사결정에 활용하지 않으면 무용지물이다.

그들만의
이야기

먼 나라 이웃 나라? 애널리스트 보고서

요즘에는, 각 증권사의 리서치센터에서 내놓는 보고서들을 개인투자자들도 아무런 대가나 큰 노력 없이 인터넷을 통해 취득할 수 있다고 한다. 이게 맞는 이야기인지는 직접 확인해 보지 않았으나, 이것이 사실이라 할지라도 애널리스트의 단순한 보고서 몇 개가 개인투자자들의 투자성과에 얼마나 큰 도움이 될지 필자는 다소 의문이다. 다음은 우리나라의 화학업체를 대표하는 한 기업에 대한 애널리스트 보고서의 일부다.

2분기 이익 개선 제한 불구, 1분기 실적 급락에 따른 '1분기 실적 바닥 =주가 바닥' 논리하의 매수세 유입 여지 있음. 하지만 국제유가 안정 및 중국 경기 점진적 회복으로 인해 고객 및 Trader(투자가) 입장에서 Restocking 유인 크지 않아, 업황 회복 예단 곤란. 기업가치 부담이 주 가 상승 탄력 제한 판단.

이게 무슨 이야기일까? 주가가 싸다는 걸까? 혹은 비싸다는 걸까? 분명 투자의견이 'Buy(매수)'이긴 하지만 그렇다고 해서 지금 당장 사 도 괜찮다는 의미는 아닌 것으로 보인다. 그럼 언제 사면 된다는 건 가? 기업가치(가치평가) 부담이 있다고 했는데 그럼 어느 정도면 기업 가치 부담이 없는가? 모두 모호한 말들뿐이고 실상 개인투자자 눈으 로 보면 거의 '암호'에 가까울 정도의 표현이다. 그럼, 기업가치가 부 담된다 하니 얼마나 부담이 되는지 알아보려, 소위 '기업가치 Table' 을 열어보면 개인투자자들은 더욱 헷갈릴 게 뻔하다. 'P·E', 'P·B', 'EV·EBITDA', 'ROE' 등 잘 모르는 지표들이 열거돼 있고 그 지표들 옆에 연도별로 여러 숫자가 붙어있는데, 보고서 어디를 찾아봐도 구 체적으로 이 지표들이 무얼 의미하는지 설명이 안 돼 있기 때문이다. 기업분석 보고서일 경우는 좀 덜한데 특히 투자전략 보고서일 경우 는 진짜 개인투자자들이 해석하기 어려운 단어와 표현들이 많이 등 장한다. 다음의 문구를 한 번 읽어보자

당월 매크로 다이내믹 모델의 전략 결정을 보면, 밸류에이션 팩터가 과거 사례 중에서 성공확률이 높아 당월 전략 비중이 높아졌다. 이익 모멘텀 팩터는 과거 사례에서 적중률이 높지 않아, 전략 비중이 낮아졌다. 비중이 큰 팩터별로 살펴보면, FQ0 P·B(16.5퍼센트), 시간조정 P·E(15.5퍼센트), P·E 업종대비 상대지표(13.2퍼센트), 목표주가 상승여력(11.9퍼센트) 순으로 투자지표가 결정되었다.

필자의 관점과 경험을 토대로 이야기한다면, 평범한 개인투자자들이 증권사 애널리스트들이 작성한 보고서를 읽는 데 큰 무리 없이 내용을 다 이해하고 숨은 뜻을 파악해 낼 수 있다면 오히려 그게 더 이상한 일이다. 실제로 애널리스트들이 개인투자자들의 '가독성'을 의식하면서 보고서를 쓰는 경우는 진짜 많지 않기 때문이다. 다시 말해 애널리스트 대부분은 개인투자자들에게 보여주기 위해 보고서를 쓰지 않으며 사실 보고서를 쓸 때부터 개인투자자들이 읽을 것으로는 생각하지 않는다.

그럼 애널리스트들은 주로 누구를 위해서 보고서를 쓸까? 애널리스트들이 보고서를 읽어 줄 것으로 기대하는 이른바 타깃 고객은 이미 주식시장에서 상당한 경력을 쌓은 펀드매니저들이 추축이 되는 기관투자자나, 외국인 투자자들이다. 따라서 보고서에 등장하는 수많

투자, 전쟁에 묻다

은 숫자가 가지는 의미나, 주식시장 참여자들만이 쓰는 관용적인 어구 등을 개인투자자가 충분히 이해하고 투자의사결정에 반영하는 일은 절대 쉽지 않다.

개인투자자가 애널리스트 보고서를 인터넷에서 구해서 봤다 할지라도 큰 의미가 없을 수 있는 또 하나의 이유는 바로 'F·U', 즉 '팔로우업(Follow-Up)'의 문제다.

주식시장의 주가라는 것이 매우 불안하고 유동적으로 움직이므로, 아무리 해당 기업에 대한 분석을 전담하는 애널리스트라도 미래에 해당 기업에 대해 발생할 수 있는 모든 변수를 충분히 고려하여 투자 의사결정을 내리는 일은 불가능하다. 따라서 실적 발표나 수주 획득 등 중요한 이벤트가 발생하면, 이 이벤트의 영향을 반영해 해당 기업의 실적, 목표주가, 투자 등급 등을 조정하게 되며, 이 과정을 업계에서는 '팔로우업(Follow-Up)'이라고 한다. 전문투자자라 할 수 있는 기관·외국인들이야 주가에 큰 영향을 미칠 수 있는 각종 이벤트와 그 이후 애널리스트들이 내놓는 이 '팔로우업(Follow-Up)' 보고서들을 놓칠 이유가 없다. 그러나 주식투자 이외에 생업이 있고 사실상 항상 HTS를 보고 살 만큼 여유를 가지지 못한 개인투자자라면 이야기가 달라진다.

결국, 특정 기업에 대한 애널리스트들의 보고서를 개인투자자가 제대로 활용하기 위해서는 두 가지 전제 조건이 필요하다.

1. 애널리스트들의 보고서에서 언급되는 숫자와 지표들의 의미를 제대로 해석할 수 있어야 한다.
2. 투자 의사결정을 내린 후에도 지속해서 해당 기업에 대한 정보와 뉴스에 대한 팔로우업(Follow-Up)을 할 수 있어야 한다.

첫 번째 조건은 다음 부분에서도 잠깐 언급하겠으나, 결국 지속적인 학습과 경험을 통해 극복할 수밖에 없다. 두 번째 조건은 좀 큰 문제다. 결국, 항상 시장을 지켜보고 투자의견을 내는 리서치 부서와 의견을 주고받을 수 있는 좋은 어드바이저(Advisor)가 이 역할을 대신해 주도록 하는 방법이 최선이 아닐까 생각한다.

> ### 말 많은 2차 세계대전 
>
> 2차 세계대전 중 연합군은 독일뿐만 아니라 일본을 상대로도 암호를 해독하여 톡톡한 재미를 챙겼다. 대표적인 경우가 바로 '한방'에 일본 해군의 주력 항공모함 네 척을 태평양 깊은 바닷속으로 보내버린 '미드웨이 해전'이다.
>
> 사실, 태평양 전쟁 이전부터 미 해군은 일본의 주요 외교문서 암호를 해독할 능력이 있었다. 그러니 일본 해군의 주요 암호인 'JN-25'의 일부가 해독된 일은 당연한 결과였고, 미 해군은 이를 통해 일본 해군의 주요 의도를 사전에 파악하여 병력을 전개해 나갈 수 있었다. 1942년 당시 연합군이 태평양에서 운영 가능했던 해군 전력은 매우 제한적이었다는 점을 고려한다면 일본군의 의도를 미리 알고 사전에 병력을 집중적으로 배치할 수 있었다는 점은 매우 중요한 전략적 우위를 제공하는 변수였다고 할 수 있다.

양의 어느 장소에 대한 일본 해군의 대규모 공격이 임박했다는 결론에 다다른다. 문제는 넓디넓은 태평양에서 그 '장소'를 찾아내는 일이었는데, 공교롭게도 일 해군의 목표를 표시하는 'AF'라는 단어가 어디를 의미하는지는 해독해내지 못하고 있었다. '화룡점정'이라는 말이 있듯이, 아무리 과정이 좋아도 결정적인 무엇인가를 제대로 해내지 못하면 그게 다 부질없는 경우가 많다. 열심히 밤을 새워가며 일본 해군의 암호를 해독했는데 막상 공격을 당할 장소가 어디인가를 찾아내지 못했으니, 미 해군은 무척 난처한 입장에 처했다고 할 수 있다.

미 해군이 이 고민을 풀어낸 방법은 바둑으로 치면 이른바 '꼼수'라고도 할 수 있는 일종의 편법이었다. 여러 정황으로 볼 때, 미 해군은 암호에서 'AF'라고 표시된 장소는 하와이와 가까운 '미드웨이 제도'일 것으로 의심하고 있었다. 그러나 불완전한 정보를 믿고 함부로 병력을 배치했다가 다른 장소를 두들겨 맞으면 큰일. 따라서 함대를 배치하기 이전에 'AF'가 미드웨이 제도를 의미한다는 점을 확인할 필요가 있었다. 이 '확인'을 일본군으로부터 받아내기 위해 미 해군은 아주 평범한 메시지로 '미드웨이 지역에 물이 부족함!'이라고 타전하는 책략을 사용한다. 당연히 일본군이 이 무선통신을 가로챌 것이며, 미드웨이 제도가 진짜 목표라면 뭔가 행동을 취할 것으로 예상을 한 일종의 '미끼'였다. 일본 해군은 그야말로 멋지게 그 미끼를 물고 말았는데 얼마 되지 않아 해군 암호를 통해 순진하게도 'AF에 물이 부족함!'이라고 타전해버린 것이다. 이로써 'AF'가 '미드웨이 제도'를 의미한다는 사실을 확인한 미 해군은 이 정보에 따라 함대를 배치했고, 결국 태평양 전쟁 최초로 일본 해군에게 강펀치를 날리는 대승리를 거두게 된다.

'정보'라는 것은 '어떻게 획득하는가?'라는 부분도 중요하지만 '정부의 진위를 어떻게 확인할 것인가?'도 매우 중요하다. 나라의 운명을 걸고, 죽고 죽이는 전쟁터에서는 상대로 하여금 잘못된 의사결정을 하도록 일부러 깔아 놓은 역정보 또한 진짜 정보와 섞여 난무할 것이라는 점은 너무나 뻔하기 때문이다. 즉 제아무리 정보를 많이 취득했다 해도 '신뢰할 수 있는 소스로부터 받은 검증된 정보'만이 정보로서 활용가치가 있다 할 수 있겠다.

주식시장에도 마찬가지의 원리가 작용한다. 실시간으로 돈이 움직이고 손실과 이익이 확정되는 상황에서 허황한 정보를 시장에 유포시켜 이득을

Chapter 12 : 무슨 말을 하는지 모르겠어요 이니그마와 울트라

기업가치의 암호를 풀어보자

애널리스트들의 기업분석 보고서를 읽을 때 개인투자자들이 가장 어려워하는 부분이 바로 기업가치를 측정하는 기업가치 지표들일 것이다. 기업가치라는 것이 원래 특별히 정해진 기준 자체가 없다 보니, 기업가치의 잣대를 들이대는 담당 애널리스트의 주관적인 견해가 많이 개입할 수밖에 없다. 하지만 최소한 이런 정도는 이해하고 애널리스트들의 보고서를 읽는 것이 맞다.

P·E에 대해

쓰는 사람에 따라서는 PER이라 말하기도 하고, P·E Ratio라고 말하는 경우도 본 기억이 있다. 모두 'Price to Earnings Ratio'라는 지표를 말하는 이름들이다. P·E는 이름 그대로, 주가를 주당순이익으로 나눈 비율이다. 예를 들어, 주가가 1,000원이고 주당순이익이 100원이면 P·E는 10이 될 것이다.

증권시장에서 많이 나도는 말 중에 필자가 이해하지 못하는 말 중 하나가 바로 'P·E는 상대적으로 계산하거나 사용하기 쉬운 지표'라는 말이다. 만약 이 글을 읽는 개인투자자 중 P·E가 그냥 시가총액을 당기순이익으로 나누면 된다고 생각했던 사람이 있다면 지금부터 필자의 의견을 잘 들어보길 바란다. P·E의 계산과 활용이 그렇게 쉽지만은 않기 때문이다.

앞서 언급했듯이 P·E란 곧 주가·주당순이익(EPS=Earnings Per Share)이므로, 주가와 주당순이익만 구하면 간단히 구해질 수 있는 비율이다. 주가야, 뭐 항상 시장에서 결정되므로 크게 고민할 이유가 없다. 그냥 현재 가격을 가져다 쓰면 될 테니까.

문제는 주당순이익이다. 겉으로만 보면 주당순이익의 계산도 '당기순이익·상장주식 수'이므로, 큰 어려움은 없어 보인다. 그러나 이 계산이 그렇게 쉬운 게 아니다. 먼저 당기순이익을 보자. 당기순이익이란, 기업의 한 해 장사를 해서, 최종적으로 주주에게 배당 가능한 재원으로 남긴 돈이다. 즉, 이 당기순이익 안에는 영업이익 등 기업이 존속하는 한 지속해서 창출되는 이익이 있지만, 각종 환산익·평가익·매매차익 등 한 번 발생하고 끝인 이익들도 포함된 개념이다.

예를 들어, 어떤 기업의 영업이익은 100억 원에 불과하데, 자회사 주식을 매각한 매각차익이 1,000억 원이라고 한다면 아무래도 그 해 당기순이익은 매우 과대평가되어 계산됐다고 말해야 할 것이다. 따라서 해당연도에는 발생했으나 지속해서 발생한다고 전망하기 어려운 각종 평가익, 환산익, 매매차익 등 이른바 '일회성 손익'을 제외하여 당기순이익을 계산해야 제대로 된 수치라고 할 수 있는 것이다.

Chapter 12 : 무슨 말을 하는지 모르겠어요 이니그마와 울트라

마찬가지로 상장주식 수도 '시가총액·액면가'라고 대충 계산하면 진짜 큰코다칠 수 있다. '잠재매물'이라는 것이 존재하기 때문이다. 잠재매물이란 지금 당장은 주식으로 전환되지 않았지만 언제든지 조건만 충족되면 주식으로 바뀔 수 있는 매물을 의미한다. 전환사채 발생물량이라던가 신주인수권부사채 물량이 대표적인 예다. 이렇게 당기순이익에서 일회성 손익을 떼어내고, 상장주식 수에 잠재매물을 더하여 계산한 수치가 바로 '수정 P·E'인데, 이 단계에서야 비로소 다른 기업과 비교할 수 있는 기업가치의 척도가 탄생한다.

위에서 설명했듯이 P·E는 계산하기도 쉽지 않지만, 사용하기도 만만치 않다. 주식시장 투자자들이 주로 P·E를 사용하는 방법은 동종업계 대표종목이나 평균 P·E와 비교하는 것이다. 예를 들어, '동종업종의 PER이 10배인데, 어떤 기업의 PER이 7배이면 그 기업은 저평가됐다'는 식이다.

간단한 듯하지만, 여기에도 함정이 있다. 만약 해당 기업 경쟁력이나 브랜드가 경쟁자 대비 매우 열세인 때는 당연히 PER이 업계 평균보다 낮을 것이다. 또한 부채가 너무 많다든가, 대주주나 자회사와 관련된 위험이 존재할 때도 PER은 동종업계 대비 낮은 것이 맞다. 결국 '모든 측면에서 동종업계 대비 떨어지는 게 하나도 없는데 PER이 낮다'는 가정이 성립해야만 '아, 지금 이 주식을 사도 되겠구나!' 하는 투자의사결정을 내릴 수 있는 셈이다.

결국, PER이라는 간단한 지표도 제대로 계산하고 활용하기 위해

투자, 전쟁에 묻다

서는 해당 기업의 펀더멘털은 물론, 재무제표를 해석하는 남다른 시각이 필요하다. 마찬가지로 기업보고서를 읽을 때도, 단순히 'PER이 몇 배다'는 말은 큰 의미가 없다는 점을 유념하기 바란다. 그것보다는 '그 회사의 PER이 몇 배이고, 동종업계나 경쟁기업 대비 얼마나 저평가(혹은 고평가)됐는데 그 저평가(혹은 고평가)된 이유는 또 무엇이다'라는 큰 흐름을 잡아낼 수 있어야 한다.

그렇다면 P·E가 기업가치 기준으로서 좋은 지표라고 말할 수 있는가? 해당 기업을 설명하는 사람 처지에서 보면, 투자자들을 설득하기에는 편한 지표라고 이야기할 수 있다. 여러 숫자에 대해 일일이 설명하지 않아도(P·E를 구하기 위해서는 주가와 수정된 주당순이익만 있으면 된다.) 간결하게 기업가치가 동종업종의 다른 업체 대비 어떤지를 설명할 수 있기 때문이다. 반면, 해당 기업을 처음 접하는 사람에게는 P·E, 특히 개인투자자들이 별생각 없이 사용하는 수정되지 않은 P·E는 매우 불완전한 지표가 될 수 있다. 기업의 재무제표에는 대차대조표, 손익계산서, 그리고 현금흐름표 이 세 가지가 존재한다. 그럼에도 P·E는 이 중에서 손익계산서의 단 하나의 항목, 즉 주당 당기순이익 하나만을 사용하여 기업가치를 측정하려는 지표다. 따라서 P·E는 단독으로 활용되기보다는 다른 재무비율 및 특히 해당 기업에 대한 애널리스트의 견해를 참조하여 활용되어야 하는 지표다.

당연한 이야기일 것이나, P·E는 성장성이 높은 기업이나 업종일수록 높다. 다른 예를 생각할 필요도 없이 2000년 기술주 거품 시에는 나스닥시장에 상장된 일부 인터넷·바이오·통신장비 업체들 PER은 100배를 웃도는 것이 전혀 이상하게 생각되지 않았었다. 코스피 평균 PER이 10배를 잘 넘기지 못한다는 점을 고려한다면 상상 이상의 기업가치를 받았던 셈이다.

그럼 P·E 비율이 낮은 기업은 주가가 상승할 잠재력이 높은가? 그럴 수도 있고 그렇지 않을 수도 있다. 하지만 투자자들이 보통 '가치주'라고 말하는 종목들, 즉 재무비율이나 수익성도 크게 빠지지 않고 지배구조에도 큰 문제가 없는데 시장에 잘 알려지지 않았거나, 일시적인 성장성의 둔화 우려로 P·E가 낮은 종목들은 당연히 매수를 고려해 볼 만한 가치가 있을 것이다. 만일, 동종업종 대비 유달리 P·E가 낮은 종목을 발견한다면 덥석 매수하기 이전에 다음과 같은 점을 고려해 보길 바란다.

1. P·E는 앞서 언급한 수정된 P·E여야 한다. 일회성 비용이나 잠재 매물을 고려한 이후 다시 한번 바라보면 다른 그림이 보일 수도 있다.

2. 성장성이 유달리 낮은 업종이나 기업의 P·E는 당연히 낮을 수밖에 없다. 혹시 매출액이 지속해서 줄어들고 있는지, 성장에서 매우 중요한 핵심사업 부분이 분리되거나 매각된 것은 아닌지 꼼꼼하게 살펴봐야 한다.

3. 재무구조나 대주주 관련 위험, 혹은 자회사나 계열사 관련 위험은 없는지 전자공시 시스템 등을 통해 확인해 볼 필요가 있다.

4. 현금흐름 및 다른 재무비율도 당연히 동종업종과 비교해 봐야 한다.

투자, 전쟁에 묻다

5. **이상의 조건들에 다 이상이 없다면 왜 저평가된 상황에서 거래되고 있는가에 대한 의견을 찾아보자.** 어느 정도 거래가 되어 유동성이 존재하고 개인투자자들도 저평가됐음을 알만한 기업이라면, 과거에라도 어느 애널리스트이든 의견을 내놓았을 가능성이 크다. 거래하고 있는 증권사 등에 부탁하여 그 기업과 관련된 애널리스트의 보고서 등을 찾아 참조해 보자.

P·B에 대해

P·B도 P·E와 마찬가지로 PBR, 혹은 P·B Ratio 등으로 불린다. 모두 'Price to Book Value Ratio'라는 지표를 의미하는 이름이다. 계산 식은 '주가/주당 순자산가치'이며, '주당 순자산가치'는 '(자산－부채)/상장주식 수'로 구할 수 있다. 주식에 대해 잘 모르는 개인투자자들도 '청산가치보다 저평가된 종목'이라는 이야기는 들어 봤을 것으로 판단되는데, '청산가보다 저평가된 종목'이란 단순히 말해 P·B가 1배보다 낮은 종목을 의미한다고 생각하면 큰 무리가 없을 것이다.

'Book Value', 즉 '청산가치'에 대해 좀 생각해 보자. '청산가치'란 이름 그대로 회사를 더는 유지하지 않고 그냥 매각해버렸을 때 주주들 손에 들어올 것으로 예상하는 금액을 말한다. 예를 들어, 회계장부상 자산이 1,000억 원이고 채권자들에게 갚아야 할 부채가 500억 원이라면 청산가치는 500억 원이라고 말할 수 있다. '청산가치'라는 것이 대게 회계장부상의 가치이기 때문에 일부에서는 '장부가치'라고 이야기하기도 한다.

이제 생각해 보자. 순자산가치가 500억 원인 종목이 있는데 시가총액이 300억 원이다. 그럼 그 종목을 사는 것이 맞는가? 여기에 의사결정을 내리기 전에 우리는 다음의 두 가지 질문을 생각해 볼 필요가 있다.

1. 진짜 이 기업이 청산될 가능성이 존재하는가?

2. 실제로 이 기업을 청산하면 최소한 장부에 적힌 가치 이상을 받아낼 수 있는가?

만약 그렇게 자산가치가 훌륭한 기업이 청산되지 않고 영업을 지속한다면 PBR이 1배 미만이더라도 반드시 주가가 올라야 하는 이유가 없다. 즉, 영업을 계속하고 있고 앞으로도 계속할 예정인 기업가치를 이야기하는데 '청산가치'를 따지는 것은 다소 이치에 맞지 않는다.

또, '자산'의 가치도 생각해 봐야 할 문제다. '장부가치'와 실제 청산했을 때 받을 수 있는 가치와는 크게 다를 수 있다. 예를 들어, 재고자산의 가치 하락, 타회사 출자금의 부실 가능성, 계열사나 자회사에 대한 우발 채무 가능성 등 자산가치가 장부가격보다 하락할 가능성을 자세히 따지지 않고는 사실 '시가총액이 청산가치에도 미치지 못한다'는 말을 하기가 쉽지 않다.

결국, P·E와 마찬가지로 P·B 또한 종합적으로 기업가치평가를 할 수 있는 지표로서는 다소 효율성이 떨어진다. 브랜드 가치가 높은 코카콜라의 PBR은 4배~5배에 이른다. 우리나라 식음료 업체들의 PBR이 1배 내외인 것을 고려하면 매우 높은 수준이다. 하지만 주식시장 참여자 중 PBR 수치 하나만을 가지고 코카콜라가 우리나라 식음료 업체 대비 '매우 고평가됐다'고 말하는 사람은 없다. 전 세계 누구나 아는 코카콜라 브랜드의 가치를 공장이나 부동산의 가치와 감히 비교한다는 것 자체가 우스운 일이기 때문이다. 이렇듯 자산의 가치도 자산 나름이기에 일괄적으로 'P·B가 1배 미만이면 무조건 저평가'라고 말하기는 어려운 것이다.

P·B를 생각할 때 또 하나 반드시 고려해야 하는 지표가 바로 '자기자본이익률', 즉 그 유명한 ROE(Return On Equity)다. 계산하는 방법은 '당기순이익/자기자본'인데, ROE에 대해서도 많은 이야기가 필요하나, 이 자리에서는 '자기자본의 효율성을 나타내는 지표'라는 정도만 언급하고 넘어가겠다.

생각해 보자. 어느 기업은 P·B가 3배이나, ROE는 40퍼센트에 달한다. 반면, 어느 기업은 P·B가 0.5배에 불과하지만, ROE는 3퍼센트 내외 수준이다. 어느 기업을 매수하겠는가? 보통의 경우라면 P·B가 높지만, ROE 역시 매우 높은 기업을 매수하는 편이 옳은 판단일 수 있다. 주주를 위해 배당을 하는 것도 아니고, 그렇다고 돈을 많이 버는 것도 아니고, 쓸데없이 놀고 있는 자산만 많은 기업보다는, 유휴자산 없이 모든 자산이 고도의 효율을 보여주면서 움직이는 기업을 투자자들이 선호할 가능성이 높기 때문이다. 한마디로 '땅 부자'인 기업보다 '현금을 많이 버는 기업'을 투자자들은 선호하는 것이다.

P·B가 기업가치의 잣대로서 유용한 지표인가? 이 질문에 대해서도 사용하기 나름이라는, 다소 모호한 답변이 정답일 것 같다. 자본의 효율성을 나타내는 ROE와 함께 사용한다면 해당 기업에 대해서 좋은 통찰력을 얻을 수 있겠지만, 역시 주가를 재무제표의 항목 하나로 나눈 비율을 가지고 기업가치에 대해 왈가왈부하기엔 부족함이 있기 때문이다.

특히 필자의 견해로 볼 때, P·B의 가장 큰 문제점은 Book Value, 즉 청산가치 자체가 장부가격이기 때문에 실제 자산의 가치와는 거리가 있을 수 있다는 사실이다. 예를 들어, 자산재평가를 한 지 상당한 시간이 지난 토지나 건물 등은 부동산 가격이 많이 상승했으므로, 아무래도 시장가치가 장부가치 대비 상당히 높게 평가됐을 것이다. 그러나 비상장 자회사 등에 대한 출자금 등은 장부가치가 실제 출자한 자회사의 가치와 일치한다고 보는 시각이 오히려 이상할 것이다. 결론적으로 말한다면 '기업 자체에 대해 잘 모르는 상황에서' P·B라는 지표 하나만을 가지고 주가를 논하는 일 자체가 큰 의미 없는 말장난이라는 것이 필자의 견해이다.

이런 한계에도 '자산가치'에 대한 매력이 크다고 생각하기 때문인지, 많은 개인투자자는 P·B 비율이 낮은 기업을 선호하는 경향이 크다. 만일, 다른 기업과 비교한 뒤 P·B가 상당히 낮아 저평가된 기업을 찾아낸다면, 아랫부분을 함께 생각해 보길 바란다.

1. P·B와 ROE는 반드시 연관 지어서 생각해야 한다. 해당 기업의 ROE
   가 동종업계 대비 어느 정도 수준인가를 먼저 체크해 보자.

2. 주식시장에서 기업이 아무런 이유 없이 저평가되는 경우는 많지 않
   다. 대주주나 자회사, 계열사, 혹은 재무구조 등 해당 기업의 위험요
   인으로 작용할 만한 변수들이 없는가도 체크해야 하는 부분이다.

3. 도대체 자산이 어떻게 구성돼 있는가도 살펴볼 필요가 있다. 만일, 토
   지나 건물 등 부동산이 대부분이라면 혹시 매각계획 등이 있는가에
   대해 뉴스나 공시를 조회해 보자.

말 많은 투자정보

간단히 아주 간단히 필자의 경험에 비춰 아주 단순해 보이는 두 개의 지표
인 P·E와 P·B를 다뤄 봤다. 필자가 위에 적어 놓은 내용은 P·E와 P·B에
대해 진짜 '맛보기' 이상이 아니며, 당연히 애널리스트들의 보고서를 이해
하는 데 활용하기엔 너무 부족한 측면이 많다. 예를 들어, P·B의 경우 금
융업종의 가치평가에 많이 활용하며, 특히 은행업종을 평가힐 때는 P·E보
다는 P·B를 많이 활용한다. 이는 가치평가 시 자산이 주로 대출금 등 금융
자산으로 구성된 금융 업종의 특성을 반영하였기 때문이다.

애널리스트들이 주로 사용하는 가치평가의 기준에는 P·E, P·B 말
고도, 영업이익, 현금흐름, 그리고 순부채를 고려한 Ev·EBITDA라는

기준도 존재하며, 그 외 많이 사용하지는 않지만, 현금흐름을 할인한 개념인 FCF라는 방법을 쓰는 때도 있다. 가치평가뿐만이 아니라 업종별로도 중요한 특성들이 있고, 애널리스트들이 중요하게 생각하여 언급하는 각종 지표가 존재한다. 예를 들어, 화학 및 정유업종에는 원재료와 제품 간의 가격 차이인 'Spread'가 주가에 큰 영향을 미치고 운송업종에는 각종 운임지수가 중요한 지표이다. 이런 부분들에 대해 애널리스트들은 보고서를 통해 굳이 일일이 설명하려 들지 않는다. 앞서 이야기한 대로, 애널리스트들이 상대하는 주요 고객들은 개인투자자들이 아니라 이른바 '산전수전 다 겪은' 기관·외국인 투자자들이기 때문이다.

그럼 개인투자자들이 애널리스트들이 보고서에 쓴 각종 지표의 의미를 이해하기 위해서는 회계나 투자론, 그 외 각종 재무이론을 열심히 공부해야 하는가? 필자는 '아니다'라고 말하고 싶다. 최소한 매일 주식을 사고파는 초단기매매자가 아니라 좋은 기업을 찾아 어느 정도 수익이 날 때까지는 보유할 마음이 있는 투자자라면 굳이 그런 공부를 할 이유가 없어 보인다. 좋은 대학을 가기 위함도 아니고 '좋은 주식'을 찾기 위해 생업과는 크게 관계없는 공부를 열심히 해야 한다는 것 자체가 좀 우스꽝스럽지 않은가?

애널리스트들의 보고서가 어렵고 생소한 투자자들이라면 주식시장에서 어느 정도 경험을 쌓았고 충분한 교육을 받은 금융기관의 어드바이저와 함께 이야기를 해 보길 권한다. 새삼스럽게 회계학이나 재무관리를 공부할 필요는 없어진다는 점 이외에도 좋은 어드바이저는 다음과 같은 장점을 여러분에게 줄 수 있을 것이다.

1. 굳이 인터넷을 열심히 뒤지지 않아도 어드바이저는 자신이 속한 회사의 애널리스트가 쓴 보고서를 여러분에게 열심히 제공해 줄 것이다.
2. 보고서 중 이해가 되지 않는 부분이 있다면 어드바이저는 여러분과 머리를 맞대고 설명을 해줄 수도 있을 것이다.
3. 금융기관의 어드바이저는 대부분 본사의 감시 · 감독을 받는다.

어드바이저가 꼭 거래하는 금융회사 직원일 이유는 없다. 만일 주식 동호회 등에서 도움을 받을 수 있다면 그것도 좋은 방법이다. 금융회사 직원이든 동호회든 주식시장에서 충분한 경력을 쌓은 전문가의 도움이 있다면, 애널리스트들이 적어 놓은 '암호'들을 해독하는 것도 그리 어렵지는 않을 것이다.

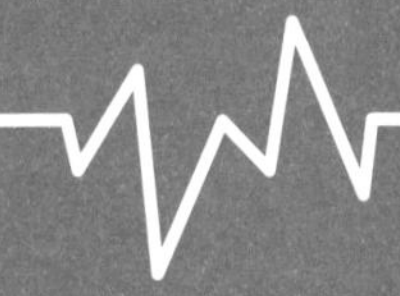

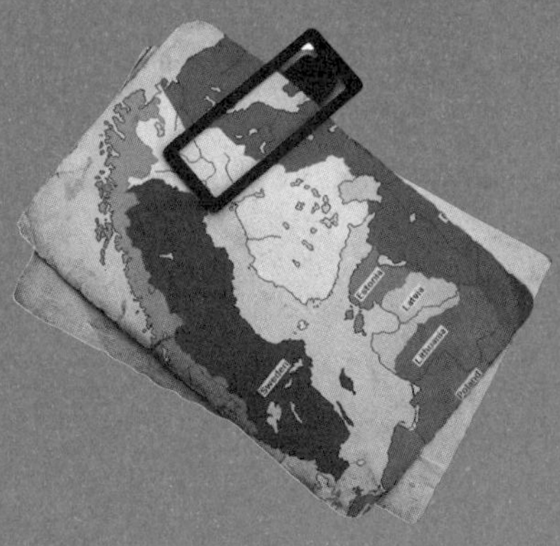

Chapter 13

역경을 통해 강해진 기업을 찾아라

| 101 공수사단 |

• 가치주는 '싸구려' 기업이 아니다 •

울부짖는
독수리

영화 '태극기 휘날리며'를 보면

'깃발부대'라는 일종의 돌격대가 등장한다. 영화상에서는 피가 피를 부르는 고지전에서 고비 때마다 등장하여 국군을 공포에 몰아넣는 일종의 백병전 전문부대였던 것으로 기억한다. 실제로 한국전쟁 중 이런 부대가 존재했는가는 알 수 없으나, 만일 존재했다면 그 부대의 출현이 쌍방의 사기에 미치는 영향은 참으로 대단했을 것이다.

이렇듯 그 이름 하나만으로도 적의 전투의지를 꺾어버리는 강한 부대에 대해 우리는 '정예부대'라는 명칭을 사용한다. 2차 세계대전의 진행과정을 살펴보면, 연합군과 주축 군 모두 이런 정예부대들을 전선의 '소방대'로 활용한 경우를 자주 볼 수 있다. 즉, 불이 나면 가

255

장 먼저 투입되는 소방대처럼 평소에는 후방으로 빼놓았다가 결정적인 순간이 닥쳤을 때 집중적으로 투입하여 일거에 승패를 가르는 도구로 사용하는 것이다. 이런 식으로 쓰이다 보니, 정예부대라고 한 번 인정을 받게 되면 항상 전투가 가장 격렬하게 진행되는 지역만 골라서 참여하게 되고, 그 이름값을 하기 위해서라도 위기와 역경을 많이 겪을 수밖에 없다. 그만큼 사상자 비율도 다른 부대보다 높아진다. 2차대전 중 이런 식으로 활약한 정예부대 중에서도 가장 유명한 부대를 들라면, 필자를 비롯한 사람들은 '밴드 오브 브러더스(Band of Brothers)'를 통해서도 많이 알려진, 미국의 '101 공수사단'을 꼽을 것이다.

미군의 101 공수사단은 '공수'라는 명칭에 걸맞게, 'Screaming Eagle', 즉 '울부짖는 독수리'라는 별명으로도 불린다. 2차 세계대전 중 유럽전선에 참여한 미군의 헤아릴 수 없을 만큼 많은 수의 사단 중, 특히 'Screaming Eagle'이 기억되는 이유는 이 부대만큼 험한 전투현장만 집중적으로 투입되어 막대한 피해를 보고도, 다시 살아나 전투에 임했던 불사조 같은 부대가 많지 않기 때문이다. 지금도 마찬가지지만 2차대전 당시 주요 참전국들의 공수부대들은 대규모 작전을 시작하기 전에 적 후방에 낙하산으로 투입되어 교량이나 교차로 등 주요 목표물들을 확보하고, 적 후방을 교란하는 활동을 주 임무로 하는 부대들이었다. 따라서 열등한 화력과 병력으로 별다른 지원 없이 적진에서 버티는 걸 주 임무로 수행하다 보니, 궤멸적인 타격을 받는 일이 부지기수로 발생했다. 가장 대표적인 사례가 독일군 공수부대가 감행한 '크레타 섬 강습작전'이다. 워낙 이 공수부대가 큰 피해를 봐 히틀러는 그 이후 어떤 식의 대규모 공수작전도 허가하지 않았다고 한다.

2차대전 중, 101 공수사단은 1944년 6월 6일 새벽, 노르망디 상륙작전을 앞두고 감행된 대규모 공수작전을 통해 처음으로 실전을 맛보게 된다. 비록, 사전에 예상했던 결과이기도 했지만, 낙하를 감행하는 그 순간부터 이 부대는 상당한 악조건에서 고전할 수밖에 없는 운명에 몰린다.

지금처럼 위성항법시스템(GPS)이 아니라 조종사들이 지도와 지형지물을 근거로 방향을 잡아 비행하던 시기였으므로, 야밤에 낙하목적지를 찾아낸다는 일 자체가 매우 어려웠던 것이다. 그러다 보니, 병사 대부분이 원래 목적지가 아닌 곳에 떨어졌고, 낙하지역도 예상보다 매우 넓게 퍼져 버려, 부대들이 분산되는 일까지 발생했다. 즉, 전투가 벌어지는 지역이나 목표지는커녕 자신이 어디 있는지도 알지 못하는 병사들이 지휘관도 없는 상태로 '알아서' 전투를 해야 하는 일이 발생한 것이다. 더욱이 당시 101 공수사단은 상당한 기간 맹훈련을 받기는 했으나, 실전경험은 없는 병사들로 이뤄진 신출내기 부대였다. 하지만 이 풋내기 병사들은 삼삼오오 모이는 대로 전투에 임했고, 노르망디 상륙작전을 전후해 독일군 후방을 교란한다는 임무를 훌륭하게 수행하면서, 정예부대로서의 가치를 입증해 냈다.

노르망디 전투 이후, 손실된 병력의 보충과 훈련에 임하던 101 공수사단은 1944년 가을 다시 한번 공수부대로서, 연합군의 대규모 공세였던 마켓 가든 작전에 투입된다. 네덜란드 전역에 미군, 영국군, 그리고 자유 폴란드군으로 이뤄진 대규모 공수부대를 투하해, 주요 교량을 확보하면 영국군 기갑부대가 전광석화처럼 진격해 네덜란드를 석권하고 독일의 심장부로 진격한다는 전략이었다. 앞서도 설명했지만, 이는 네덜란드 지형조건을 고려할 때 너무 욕심이 컸던 작전이었다. 공수부대들의 분전과 희생에도 기갑부대의 진격이 저지되면서 목적을 이루지 못했던 전투로 평가된다.

101 공수사단이 2차대전 중 마지막으로 한 격전은 유명한 '발지 전투'다. '발지 전투'는 히틀러의 마지막 도박이라고도 불리는데, 아르덴 지역을 돌파하여 연합군의 보급에서 매우 중요한 역할을 담당한 항구인 '앤트워프(Antwerp)'까지 점령한다는 황당한 목표로 출발했던 독일군의 대공세다. 사실, 당시 전력의 차이를 고려할 때 도저히 말이 되지 않는 목표였지만, 독일군의 반격을 전혀 예상치 않았던 연합군에게는 '아닌 밤중에 홍두깨'가 따로 없었던 거의 완전한 기습이었다. 특히, '아르덴' 지역에서 큰 전투가 벌어질 가능성을 거의 생각하지 않았던 연합군에게는 즉시 투입해 방어선의 구멍을 틀어막을 수 있는 예비병력조차 마땅치 않았다. 결국 부랴부랴 털어 넣은 부대가 101 공수사단이었고, 이번에는 비행기가 아닌 트럭을 타고, 일반 보병으로서 전투현장으로 달려가야 했다.

'발지 전투'에서 101 공수사단이 담당했던 지역은 교통 요충지인 '바스통'이었다. 이 공수사단은 투입되자마자 주변 미군이 철수하면서 사실상 독일군 수중에 포위되는 신세가 되고 만다. 하지만 패튼 장군의 기갑부대가 달려올 때까지, 독일군의 진격을 저지해야 하는 미군 처지에서는 '바스통'은 당연히 포기할 수 없는 요충지였다.

101 공수사단은 독일군 수중에 포위된 채 악전고투했다. 정예부대의 명성이 어디 가랴. 101 공수사단은 바스통을 성공적으로 방어해 미군이 반격에 나설 수 있는 초석을 제공했다. 당시, '바스통'을 공격하던 독일군 사령관은 101 공수사단을 향해 '더는 쓸모없는 희생을 막기 위해서라도 당장 항복하라'는 식의 협박을 했던 모양인데, 여기에 대해 'Nuts(미친 놈)!'라는 간결하고도 확고한 대답을 던져 지금까지도 널리 회자되고 있다.

2차대전 중 연합군의 승리 과정을 보면, 전술과 전략 측면도 중요하게 작용했지만 역시 '물량과 화력'의 우위가 결정적이었다는 생각을 하지 않을 수 없게 된다. 그러나 이번 사례에서 언급된 101 공수사단은 좀 다르다. 2차대전 중 이 부대는 세 번의 중요한 전투를 겪었으며, 세 번 모두 독일군 수중에 포위된 상황에서 부족한 화력과 보급의 부족을 극복해 내면서 결국 주어진 목표를 훌륭하게 달성했기 때문이다. 이 부대가 이렇게 강할 수 있었던 이유는 무엇일까?

'공수부대'라는 특성을 고려해 볼 때, 아무리 생각해 봐도 병력, 화력, 장비 따위는 아니었을 것이다. 역시 전원 지원자로 이뤄진 부대라는 자부심과 긍지, 수준 높은 훈련 등 무형의 요소가 가장 큰 요인일 것이다. 단순히 '돈을 들여 비싼 무기를 쥐여준다고' 해서 정예부대가 만들어지는 것은 아니라는 점을 방증한다.

가치주는 '싸구려' 기업이 아니다

위기 때 우량종목을 사둬라?

투자의 대가인 워런 버핏은 충분한 가치를 가진 기업이 일시적인 경제위기 등으로 주가가 과도하게 내려갔을 때가 주식을 매수할 절호의 찬스라고 이야기한다. 일견 상당히 일리 있는 말이고, 그러기에 '싸게 사서 비싸게 팔아라!'는 의미인 'BLASH(Buy Low And Sell High)'

투자, 전쟁에 묻다

가 투자의 가장 기본적인 철학으로 받아들여지기도 한다.

우리나라 주식시장도 과거 1999년 외환위기나, 2001년 911사태, 2003년 카드채 사태, 혹은 2008년 글로벌 금융위기 등, 주가폭락 사태가 발생할 때마다 가치가 좋은 종목들을 매수했다면 좋은 결과를 충분히 기대할 수 있었을 것이다. 아래는 그리 복잡하게 생각할 이유도 없이 우리나라를 대표하는 시가총액 1위 종목인 삼성전자와 각종 주가폭락 사태들을 비교해 놓은 차트다. 몇 년 단위로 위기에 직면하면서도 끝내는 이를 극복하고 일어서는 기업가치가 어떻게 변하는가를 보여주는 좋은 예일 것으로 판단된다.

그럼 위기 때마다 자타가 공인하는 우량종목을 덥석 매수하는 전략이 반드시 좋은 성과를 낼까? 잘 살펴보면 그렇지도 않은 것으로 보인다. 즉, 분명 주가가 강세를 보였던 당시에는 자타가 공인하는 초우량 종목이었음에도 단 한 번의 위기에 주가가 '나가떨어진 뒤' 몇 년째 수습이 안 되는 경우도 허다하기 때문이다. 아래는 한때, 우리나라에서 가장 인기 있는 종목 중 하나였던 KT의 주가 추이이다.

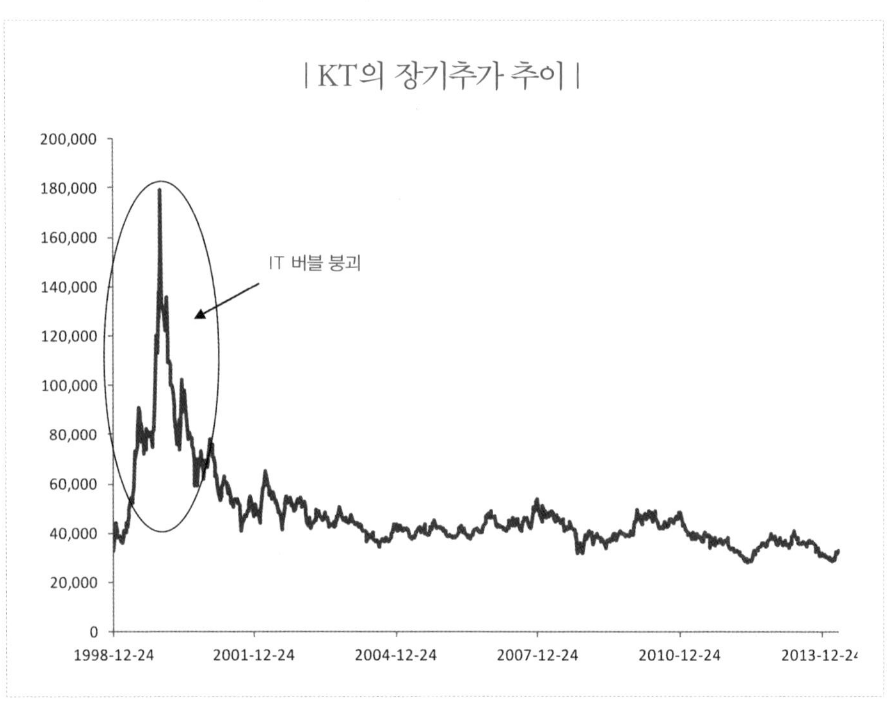

투자, 전쟁에 묻다

여기에 대해 일부 독자들은 'KT는 1999년 주가에 너무 거품이 끼어있는 상태에서 폭락했으므로, 당시 가치주라고 볼 수 없다'고 반대할지도 모른다. 하지만 주가가 급락하고 난 지금의 시각으로 1999년 통신주가 급등하던 시절의 관점을 논해서는 안 된다고 본다. 중요한 포인트는 1999년~2000년 당시 KT 주가에 대해 '버블'이라고 말하는 의견은 상당히 소수였으며, KT는 당당히 IT 강국 대한민국의 주식시장을 대표하는 소위 우량 종목이었다는 점이다.

그럼, 우리나라가 아닌 미국시장에선 이런 일이 벌어지지 않을까? 예를 들어, 주가 급락 사태가 발생했을 때 아무 종목이나 매수하면 되는 단순한 전략을 큰 위험 없이 수행할 수 있을까? GE는 한때 미국 제조업을 대표하는 초우량 종목이었으며, 지금도 다우존스 30개 기업 안에 자리매김한 기업이다. 1990년대 후반과 2000년대 초반 전 세계 시가총액 1위를 차지하기도 한 기업이니, 당시 이 종목에 대해 '아, 이 종목은 장기적으로 투자하면 안 되는 종목으로, 감히 우량종목이라는 이름을 쓸 수 없는 기업입니다.' 하고 말하는 사람이 몇 명이나 있었을까? 그런데 이 종목의 주가는 2008년 글로벌 금융위기 때 대폭락한 이후 아직 다우존스지수를 상당히 하회하고 있다.

즉, 전 세계 시가총액 1위 종목으로서 '제조업의 왕'으로 군림하던 GE의 기업가치가 2008년 글로벌 금융위기 단 '한방'에 나가떨어져 회복하지 못하는 것이다. 이 정도 되면 워런 버핏이 말하는 '위기를 기회로 알고 매수해야 하는 종목'은 그때그때 유행 따라가는 투자자들이 말하는 '시장을 대표하는 우량주' 수준이 아님을 충분히 인지했으리라 믿는다.

그럼 대체 '어떤 위기가 닥치더라도 이를 극복하고 주주를 위해 기업가치를 끌어올릴 신뢰'를 가질 수 있는 종목의 특징은 무엇인가? 다음에서 이야기할 코카콜라 예를 통해 이 이슈에 대해 한번 논의해 보도록 하겠다.

말 많은 2차 세계대전

당연히 포위당할 줄 알면서도, 기꺼이 전투에 임하는 전통 때문인지는 모르나, 필자의 기억에 미군의 많은 부대 중 101 공수사단만큼 전쟁영화에 얼굴을 많이 드러낸 부대도 많지 않을 것이다. 앞서도 이야기했듯이 당장 HBO의 드라마를 통해 유명해진 밴드 오브 브러더스의 주인공인 이지 중대도 101 공수사단 소속이다. 또한, 2차 세계대전을 배경으로 한 전쟁영화 중 유명한 영화인 '라이언 일병 구하기'의 그 '라이언 일병' 또한 노르망디에 먼저 낙하산으로 투입된 101 공수사단 일원이다. 그리고 우리나라에 잘 알려지지는 않았지만, 고전 전쟁영화 리스트에서 빼놓을 수 없는 명화인 '배틀그라운드(Battleground, 1949년)'라는 영화도 발지 전투에서 분전하는 101 공수사단을 소재로 하고 있다.

앞서 이야기한 수준의 '주연'급은 아니지만, '조연'으로도 101 공수사단은 꽤 많은 영화에 출연하고 있다. 1960년대에 제작되어 헨리 폰다 등 당대의 무비 스타들이 총출동했던 영화 '배틀 오브 벌지(Battle of Bulge)'에서는 바스통을 사수하는 부대로 잠시 등장한다. 그 이전에 1962년에 제작되었으며 역시 스타들이 출연한 영화인 '지상 최대의 작전(The longest day)'에서도 노르망디 작전에 참가하는 부대의 하나로 잠깐 얼굴을 드러낸 기억이 있다. 그리고 1977년에 제작되어 마켓 가든 작전을 배경으로 한 '머나먼 다리(A bridge too far)'에서도 아주 재미있는 에피소드 하나와 함께 101 공수사단이 얼굴을 내민다.

워런 버핏이 사랑하는 종목

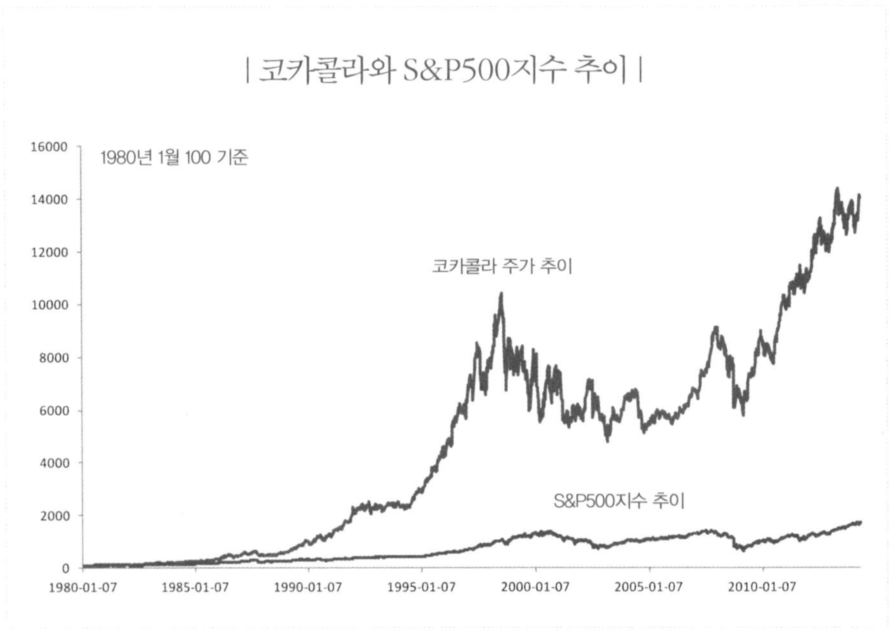

워런 버핏의 포트폴리오(Portfolio)에서 가장 편입 비중이 높은 종목은 무엇일까? 전 세계 PC의 운영시스템을 석권하고 있는 마이크로소프트일까? 혹은 혁신의 대명사인 애플일까? 천만의 말씀이다. 워런 버핏의 포트폴리오라고 할 수 있는 버크셔해서웨이(Berkshire Hathaway)의 포트폴리오를 보면 가장 편입 비중이 높은 종목은 금융주인 웰스 파고(Wells Fargo)이고 두 번째로 높은 종목은 코카콜라이다. 그리고 세 번째로 비중이 높은 종목은 역시 금융주인 아메리칸 익

투자, 전쟁에 묻다

스프레스(American Express)인 것으로 나와 있다.

위에 제시한 코카콜라와 S&P500지수 추이를 비교해 보면 왜 워런 버핏이 투자의 대가라는 말을 듣는지 누구나 충분히 이해할 수 있을 것이다. 이 사실에 관해 모든 일을 쉽게 생각하는 사람들은 '워런 버핏이 가치주를 좋아하니 당연히 코카콜라를 매수한 것이다. 앞으로 코카콜라와 같은 가치주를 매수하면 만사형통이다'라고 떠들지도 모른다. 그러나 대체 "코카콜라가 가진 '가치'라는 것이 무엇이냐?"라는 질문을 두고 고민하지 않는다면 함부로 코카콜라가 '가치주'라는 이야기를 해서는 안 된다.

코카콜라의 '가치'가 무엇인지 한번 알아보자. 표면적으로 나타나는 기업가치의 잣대를 들여다보면 절대 '가격이 싼 종목'으로 보이진 않는다. 2013년 실적 기준으로 PER은 20배 수준이다. 사실, 큰 성장이 없는 종목이 이 정도면 '싼 종목'이라고 말하기 어렵다. 그리고 PBR은 5배를 웃도는데, 우리나라 제조업체 중 PBR이 1.5배를 넘기는 업체를 찾기란 좀체 어렵다는 점을 고려할 때 놀랄 만한 수준이다. 그럼에도 워런 버핏뿐만 아니라 많은 미국 투자자들은 절대 싼 주가가 아닌 이 기업을 '가치주'라고 부르며 사랑하고 있다. 왜 그럴까? 필자의 짧은 식견으로는 '코카콜라는 강한 기업'이기 때문이라고 말하고 싶다. 코카콜라를 감히 '강한 기업'이라고 부를 수 있는 이유는 5가지다.

267

1. '제품'과 '사업구조'가 누구나 이해할 수 있을 만큼 단순하다. 즉, 소비패턴이나 기술의 급격한 변화로 갑자기 사양산업이 돼 버리거나, 퇴출해 버리거나 할 가능성이 매우 적다. 세계가 어떤 식으로 발전하든 사람들은 여전히 코카콜라를 마셔댈 것이다.

2. 다른 기업들은 넘보기 어려운 좋은 글로벌 브랜드들을 다소 보유하고 있다. 전 세계인들 대부분이 알고 있을 코카콜라부터 시작해 스프라이트(Sprite), 파워에이드(Powerade), 미닛매이드(Minute Maid) 등이 대표적인 브랜드라고 할 수 있다. 코카콜라의 가장 중요한 자산은 공장, 건물, 또는 토지가 아니다. 바로 '브랜드'라는 무형자산이다. 이 '브랜드'들의 가치를 생각한다면 코카콜라의 PBR이 5배인 점을 이해할 수 있을 것이다. 전 세계인들이 인지하고 있는 브랜드야말로 누구나 돈만 들이면 만들 수 있는 공장이나 설비보다 훨씬 큰 가치를 지니는 자산이다.

3. 제품들 대부분이 매우 안정적인 글로벌 시장 점유율을 보이고 있다.

4. 글로벌 마케팅이라는 것은 매우 어려운 활동이다. 국가별로 고객들을 설득하는 마케팅 포인트가 다 다르기 때문이다. 코카콜라는 지금까지 이 어려운 글로벌 마케팅을 매우 성공적으로 수행해 왔다.

5. 배당수익률이 3퍼센트 수준으로 은행예금 대비로도 꽤 훌륭하다.

코카콜라의 사례에서도 나타나듯이 '강한 기업'은 절대 가격이 싼 기업이 아니다. 오히려 가격이 좀 비싸더라도 충분히 그만한 '가치'가 있는 기업이 강한 기업이다. 그리고 그 가치는 아무나 소유할 수 있는 공장이나 설비, 부동산 등에서 나오지 않는다.

Chapter 14 | 에필로그

혼란과 무질서의 극복을 위하여

| 프랑스 혁명과 그 후 10년 |

• 투자의 혁명과 그 이후 •

혁명으로
시작된 큰
변화

중세를 상징하던 봉건제가 무너지고

왕권이 확립된 시절, 프랑스의 왕이 마음대로 휘두르던 권력을 역사는 '절대왕권'이라 표현한다. '왕이 곧 국가'라는 희한한 표현이 전혀 이상하게 들리지 않을 만큼 왕권이 강했던 시절이었다. 그러나 왕을 비롯한 일부 귀족들의 사치와 방탕, 그리고 탐욕은, '대체 저놈들에게 저런 짓거리를 맘대로 할 수 있는 권리를 준 주체가 누구냐?'라는 지극히 자연스러운 질문을 불러올 수밖에 없었다. 그리고 이 '자연스러운 의문'은 '계몽주의'라는 저항 사상으로 발전했다.

루이 16세가 권력을 승계할 즈음 프랑스의 절대왕권은 무책임의 극단으로 치닫고 있었다. 미국독립전쟁에 대한 무모한 개입으로 국고는 탕진되고, 살인적인 인플레이션은 백성의 생활을 도탄으로 몰아갔다. 결국, 재정위기를 해결하기 위해 소집된 임시의회에서조차 자기 잇속만 챙기려 했으니 백성과 시민의 탈출구는 '분노' 이외에는 존재할 수 없었다. 염치없는 탐욕으로 사회적인 파산을 초래하고, 여기에 대해 전혀 책임질 생각을 하지 못하며 오히려 뻔뻔스럽게 더 많은 희생을 요구하는 자들에게 돌아온 프랑스 시민의 대답은 '혁명'이었다.

당시, 프랑스 국민은 무책임한 의사결정, 사치, 그리고 일관된 무능으로 국가를 말아먹은 절대왕조만 무너뜨린다면, 혁명의 정신이 상식으로 통하는 새로운 국가가 만들어질 것으로 기대했다. 그러나 혁명 이후의 세상은 이들의 기대와는 매우 다른 모습이었다. 혁명 초기부터 외국군대가 주축이 된 반혁명군의 침공으로 프랑스는 곧 전쟁터로 변하였기 때문이다. 이 와중에 혁명의 정신을 지키겠다고 나대는 과격분자들이 정국을 주도하면서, 말 한마디 잘못했다가는 다음 날 단두대에서 모가지가 달아나게 되는 공포정치의 시대마저 열리게 된다.

나폴레옹이라는 인물의 존재감이 부상하기 시작한 시기가 바로 이 즈음이었다. 프랑스인들은 전쟁과 무질서, 무능한 정치인들을 일소하고 혁명의 이상을 실현시켜 줄 수 있는 영웅을 원했다. 그리고 나폴레옹은 이 세 가지 기대를 모두 충족해 주었다. 외국군대들을 무찌르고, 자기 앞가림에만 정신이 팔려있는 비겁한 정치인들을 일소했으며, 대포를 동원해 폭도를 진압해 버렸기 때문이다. 당시 프랑스인뿐만 아니라 프랑스혁명의 정신을 지지하는 모든 유럽인에게 나폴레옹은 계몽주의의 이상을 실현할 수 있는 영웅 그 자체였다.

그럼, 프랑스인들이 갈망했던 대로, 나폴레옹의 집권으로 '자유·평등·박애'가 실현되는 세상이 열렸는가 하면 천만의 말씀이다. 우선, 나폴레옹이라는 인간 자체가 '자유'나 '평등'이라는 대의를 위해 자신의 욕심을 희생시킬 그릇이 아니었다. 자신에게 집중된 인기를 십분 활용해 혁명이 발발하고 불과 15년 만에 날름 황제의 지위에 올라앉아 버렸기 때문이다. 그럼 프랑스가 다시 황제가 다스리는 국가로 돌아갔으니, 혁명 이전처럼 평화롭게 지낼 수 있기라도 했으면 좋았는데, 19세기 초에는 이런 작은 희망마저도 실현될 수 없었다.

결국, 러시아 원정에서 대실패를 겪고 돌아온 나폴레옹을 프랑스는 그냥 놔두지 않았다. 영웅이고 뭐고 간에, 프랑스인들은 '황제의 원정'이라는 지긋지긋한 단어를 더 들으며 살 수 없었던 것이다. 그럼, 황제이자 원정 마니아였던 나폴레옹이 권좌에서 내려왔으면 드디어 '자유·평등·박애'의 세상이 열릴 수 있었는가? 아니다. 곧이어 '왕'의 지위에 올라온 자는 단두대에서 목이 달아난 루이 16세의 친척인 루이 18세였다. 혁명 이후 돌고 돌아 '절대군주'가 다시 왕의 자리에 앉아 버린 것이다.

절대왕권과 신분제를 타도했다는 사실만으로도 대혁명은 프랑스가 근대적인 산업국가로서 성장할 수 중요한 계기를 만들어 주었다. 특정인, 특정계급에 집중되었던 권력이 역량 있는 국민에게 공유되기 시작했고, 최소한 법을 통해 정당하게 무엇인가를 소유할 수 있는 권리라도 생겼으니 말이다. 하지만 프랑스혁명 이후 무려 100년 가까운 세월이 흐른 1871년에도 황제의 군대는 자유와 평등을 외치는 파리시민에게 포탄을 날리고 있었다. 대부분 혁명은 변화의 마지막을 의미하지 않는다. 혁명은 큰 변화의 시작을 알리는 신호탄일 뿐이었다. 프랑스 대혁명은 혁명 이후, 필연적으로 찾아올 수밖에 없는 무질서와 혼돈의 시기를 어떻게 극복하면서 혁명의 정신을 승계해 나가느냐의 문제가 혁명 그 자체보다 더 중요할 수 있다는 점을 말해주는 좋은 사례라 하겠다.

투자, 전쟁에 묻다

투자의 혁명과
그 이후

한때 투자자가 투자정보의 획득부터 주문, 체결 확인까지 투자의 전 과정을 증권회사에 의존하던 시절이 있었다. 먼 과거의 이야기도 아니다. IT 기술과 인터넷이 발전하기 이전이었던 1990년대 후반만 하더라도 실시간 주가의 확인을 위해서는 증권회사 직원에게 전화를 걸어 물어봐야 했으며, 증권회사의 직원을 통하지 않고는 주문을 넣을 방법이 사실상 없었다.

통신산업의 혁명적인 발전은 증권회사에 대한 투자자들의 의존도를 크게 줄여 놓았다. HTS(Home Trading System)만 깔아놓으면 증권회사 직원을 통하지 않더라도 누구나 시세, 잔액 확인, 주문 체결 등이 가능해진 것이다. 그뿐만 아니라 증권회사 직원들의 전유물이었던 각

Chapter 14 : 에필로그 – 혼란과 무질서의 극복을 위하여

종 보고서도 조금의 시간과 노력을 투자한다면 대부분 열람이 가능할 정도 공개 정보로 변하고 있다.

이러던 중, 2008년 발생한 글로벌 금융위기는 가뜩이나 입지가 좁아져 있던 증권회사들의 신뢰에 결정적으로 타격을 입히는 계기로 작용한다. 그래도 나름 세계 최고의 전문가가 모여있던 월스트리트(Wall Street)의 증권회사들이 한 치 앞을 내다보지 못하는 방만한 자산운용으로 잇달아 큰 손해를 입었고 글로벌 대형 증권사였던 리먼브러더스(Lehman Brothers)는 아예 파산해 버리는 사태가 발생한 것이다. 글로벌 금융위기의 원인으로 선진국 대형 증권사들이 앞다퉈 개발하고 활용했던 각종 파생상품이 지목되면서 증권사들의 탐욕, 자기과신, 그리고 무책임에 대한 대중들의 비판이 점점 커지기 시작했다. 오죽하면 아예 글로벌 증권사들이 몰려있는 미국 뉴욕의 월가를 점령해 버리자는 오큐파이(Occupying Wall Street)운동이 대중들로부터 큰 호응을 얻었을까?

우리나라도 2008년 글로벌 금융위기의 여파는 증권사를 비롯한 투자업계 전반에 대한 신뢰에 큰 상처를 남겼다. 2004년 이후 진행된 전 세계적인 신흥시장 투자 붐에 이끌려 투자위험이 컸던 개발도상국 금융시장의 주식에 과도하게 투자할 것을 권하고, 적절한 자산배분보다는 이른바 '인기펀드'들의 판매에 집중했다는 점이 위기의 발단이 되었다. 이를 방증하는 지표로, 국외상품에 대한 우리나라 투자자들의 투자 흐름을 보면, 중국 등 신흥시장이 한창 고점을 달리던

투자, 전쟁에 묻다

2007년~2008년 신흥국가 주식시장에 대한 국내 투자자들의 투자액이 급증했다는 점을 쉽게 알 수 있다.

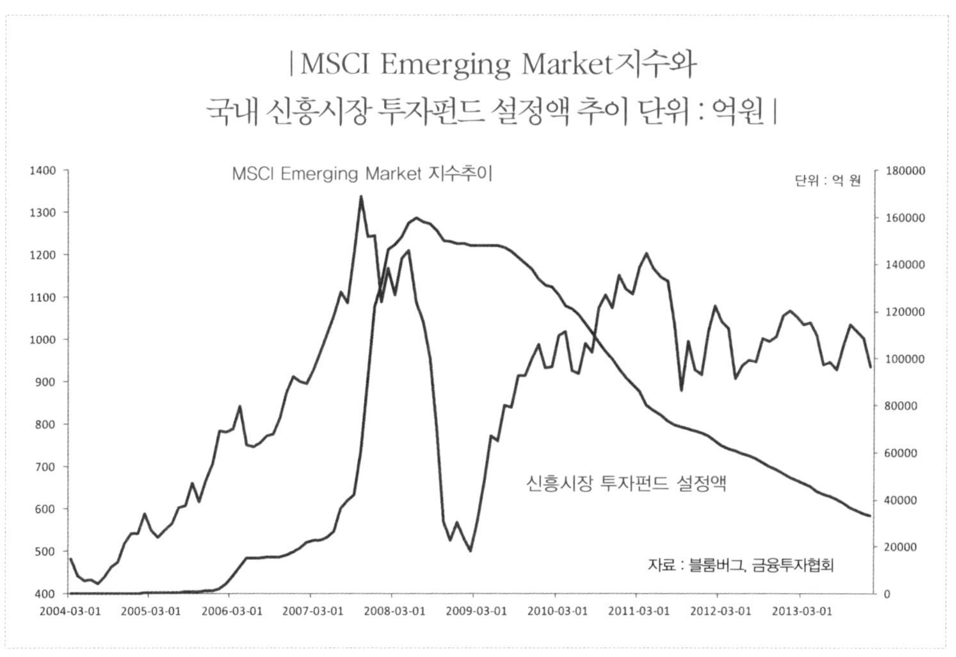

일이 이렇게 되다 보니, 2008년 금융위기 이후 국내 개인투자들 사이에 뚜렷하게 나타나는 경향이 'Do it myself'이다. 즉, 주문이나 체결확인의 단계를 넘어 투자 의사결정 전반에 대해 금융기관의 도움이 없이 스스로 알아서 하겠다는 흐름이다. 어차피 투자의 세계에서 '전지전능'이란 있을 수 없으므로, 굳이 '전문가' 도움을 받지 않고 스스로 '연구'하여 '투자'하는 편이 비용도 덜 들고 마음도 편하다는 이

279

유가 작동한 탓일 것이다.

최근 개인투자자들이 많이 이용한다는 증권 관련 게시판들이나, 일간지 웹 사이트들을 들어가 보면 주식투자와 관련하여 민망한 수준의 광고들이 눈에 많이 띈다.

대략 '손절매도 없고 가입만 하면 돈을 버는 투자 정보'(제대로 된 증권회사나 금융기관에서 이런 식으로 광고했다가는 해당 광고를 게시한 사람은 다음 날 바로 자리를 내려놔야 할 것이다. 회사 내 각종 내부통제 및 감사 부서가 가만있지 않을 것이기 때문이다.)를 비롯해 줄줄이 엄청난 수익을 낸 종목들을 발굴한 기록을 거창하게 올려놓고 있다. 과거의 훌륭한 수익률이 미래의 투자결과를 예측하는 지표가 될 수 없다는 점을 모르는 많은 개인투자자를 현혹하는 딱 좋은 문구들이다. 심지어는 일부 '낚시성' 내용들도 눈에 띄는데, 가령 '주식투자로 100억을 번 부자의 이야기'라는 제목을 보고 클릭해 들어가면 그 사람이 운용하는 주식투자 카페나 동호회를 홍보하는 식이다. 사실 더는 이런 사이트나 카페를 들어가고 싶은 마음도 없으나 막상 들여다보면, 대부분 '투자'가 아니라 '매매'를 통해 수익을 올릴 수 있고, 손실을 보지 않으면서 확실하게 수익을 쌓고 싶은 개인투자자들의 열망을 충족시켜 줄 수 있다는 식으로 이야기를 끌어간다.

그럼 이런 식의 'Do it myself 투자' 다시 말해, 개인투자자 홀로 인터넷 게시판, 각종 주식카페, 또는 동호회 등을 돌아다니며 투자정보를 취득하고 차트를 분석하며 다음 순간의 주가를 예측하여 매매하는 방법이 개인투자자들에게 '돈을 버는 방법'이 되었는가를 생각해 보면 그렇지도 않은 것으로 보인다. 투자의 방식에는 크게 변화가 있었으나, 그렇다고 원하는 만큼 수익을 올리는 개인투자자들의 비중이 늘어난 것은 아니라는 의미다. 혁명으로 세상이 바뀌었음에도 결국 크게 변한 것이 없었던 민초들 생활처럼 말이다.

어쩌면 IT 기술 발전과 글로벌 금융위기가 불러온 투자의 혁명 이후 개인투자자들이 느끼는 혼란은 더욱더 커지고 있을지도 모른다. 투자정보를 받는 방법과 채널, 그리고 양은 엄청나게 늘어났으나, 이 많은 정보를 어떻게 활용해서 수익을 내야 할지에 대해서 제대로 말하는 사람은 많지 않기 때문이다. 오히려 상황에 따라서는 많은 정보를 접하고 많은 게시판을 돌아다니는 행동이 투자수익에 도움이 되기는커녕 방해 요인이 될 수도 있을 것이다. 주식시장에서 돌아다니는 수많은 감언이설과 역정보에 여과 없이 노출된다면 이런 일이 발생할 수 있다.

투자정보의 양은 늘어나고, 돈을 벌어주겠다는 사람들도 늘어나고, 투자의 방법은 이제 PC를 넘어 모바일로 발전하는 격변의 시대에 어떤 투자철학과 원칙을 가지고 시장에 대응해야 하는가? 필자는 다음의 여섯 가지 원칙을 제시하고자 한다.

1. **혁신 기업에 투자하라. '혁신'과 '성장'은 기업의 가치를 비약적으로 변화시키는 가장 중요한 두 가지 요인이다. 그렇다고 '혁신'에 대한**

투자와 '중·소형 성장주'에 대한 투자로 동일시하는 것으로 생각한다면 큰 오산이다. 애플이 '혁신'의 대명사로 부각하던 2000년대 초반, 동사는 절대 '중·소형주'가 아니었다.

2. **시대 트렌드를 이해하라. 대중을 열광시킬 수 있는 '무엇인가'를 가진 기업을 선별하라.** 단순히 주가가 많이 하락했거나, 혹은 단순히 어떤 기준 대비 저평가됐다고 해서 그 주식을 과감하게 매수하는 투자자는 많지 않다.

3. **반전 모멘텀에 주목하라.** 굳이 주가가 많이 하락하는 종목을 매수하려 한다면 추세의 중심과 주가 간의 이격이 정상적인 수치 대비 너무 많이 벌어져 있는 종목의 반전 포인트를 노려라. 이 경우 기술적 지표 중 채널지표와 모멘텀지표를 함께 활용한다면 많은 도움을 받을 수 있을 것이다.

4. **주가가 좋은 자리에서 돌파하는 종목이 좋은 종목이다.** 아무리 가치가 좋은 종목이라 할지라도 언젠가는 수요과 공급이 팽팽하게 맞서면서 주가가 이른바 '눌림목'을 형성하는 시기를 거치게 된다. 주요 저항선이나 단기적인 눌림목에서 주가가 '돌파'의 패턴을 보인다면, 이는 지속적인 매수세의 유입을 의미하기에 상당히 긍정적인 신호로 간주해야 한다. 다만, 이때 수급세력의 누구냐에 대한 검증절차가 반드시 필요하다.

5. **애널리스트들의 언어를 이해하라.** 개인투자자들을 위해 보고서를 쓰는 애널리스트는 많지 않다. 그들이 보고서에서 무엇을 말하고자 하는지, 그리고 그들이 주로 사용하는 지표들이 무엇을 뜻하는지를 제

대로 해석해내지 못한다면, 애널리스트들의 원래 의도와는 다른 엉뚱한 투자의사결정을 내릴 수 있다.

6. 강한 기업에 투자하라. 가치주는 '주가가 싼' 종목이 아니다. 가치주는 어떤 풍파를 맞더라도 이를 극복하고 성장해 나갈 저력을 지닌 '강한 기업'이다. 큰 가치도 없이 시대의 유행에 따라 주가가 등락하는 종목들을 매수하여 장기간 들고 간다고 해서 무조건 수익을 낼 수 있다는 희망은 버려야 한다.

이런 원칙들을 사용하면 단기매매로 하루 1퍼센트씩 매일 수익을 챙겨 1년 내 수백 퍼센트의 수익을 보장받을 수 있는가? 천만의 말씀이다. 혹은 이 원칙들이 1,000만 원을 단기간에 10억 원까지 만들 수 있는 놀라운 투자비법이라 할 수 있는가? 말도 안 되는 이야기다.

실제 생각해 보면 지극히 평범한 원칙을 수 있다. 그러나 과연 지금 개인투자자들에게 놀랄 만한 수익을 안겨 주겠다고 말하는 그리도 많은 사람이 이런 평범한 원칙을 생각해서 종목들을 추천하고 매매를 권유하는가에는 의문이 들지 않을 수 없다.

다시 한 번 이야기하지만, 필자는 위에 제시된 투자 원칙들이 '절대 손절매가 없는 초고수익의 투자비법'이라고 주장하고 싶은 뜻이 전혀 없다. 오히려 필자는 그런 비법 자체가 주식시장에 존재할 수 없다고 강력히 주장하는 사람 중 한 명이다. 다만 지금까지 경험을 통해, 가장 합리적일 것으로 보이는 원칙들에 대해 합당한 예를 들어 이야

Chapter 14 : 에필로그 – 혼란과 무질서의 극복을 위하여

기를 풀어갔을 뿐이다.

　마지막으로 필자가 덧붙이고 싶은 말은 바로 어드바이저와 관련된 이야기다. 이미 상당수 독자가 눈치챘을 것으로 생각하나, 주식에 투자한다면 합리적인 조언을 할 수 있는 이 어드바이저란 존재는 반드시 필요하다는 것이 필자의 관점이다. 헤아릴 수 없이 많은 종목이 존재하고, 각종 투자정보가 진실과 거짓이 섞인 행태로 나돌아다니는 주식시장에서, 투자자를 위해 정보를 분류하고 새로운 정보를 전달하는 역할을 하는 어드바이저가 일절 필요 없다는 주장 자체에 대해 필자는 이해하지 못한다.

　말할 필요도 없이 '다음 달까지 10퍼센트 이상 상승할 수 있는 종목을 찾아 추천하라'고 어드바이저에게 요구한다고 해서, 좋은 결과가 보장되지는 않을 것이다. 이것은 어드바이저가 아니라 신이 아닌 평범한 인간 모두가 충족시킬 수 없는 요구다.

　결론적으로 충분한 교육과 자격을 갖추었고 본사 리서치기관의 도움을 언제든지 받을 수 있는 어드바이저의 존재는 필요하며, 활용하기에 따라서는 투자수익률에 매우 중요한 의사결정을 내리는 데 큰 도움을 줄 수 있을 것이다. 다만, 여기서 아주 중요한 전제는 '어드바이저의 행동이 철저하게 본사 가이드라인과 원칙에 따라 움직이며, 고객에게 어드바이저가 어떤 투자 조언을 하는가에 대해 본사가 철저하게 검증하는' 금융기관의 어드바이저를 골라야 한다는 점이다.

　바둑의 격언에도 '여행은 동행하라'는 말이 있다. 다소 길이 험할 수 있고, 앞에 무엇이 기다리고 있는지 모르는 투자의 여행길에서 좋

투자, 전쟁에 묻다

은 길잡이 한 명 정도는 필요하지 않을까? 굳이 모르는 길을 혼자 고
민하면서 걸어갈 이유도 없고, 별 도움이 되지 않더라도 최소한 말동
무 정도는 돼 줄 수 있을 테니 말이다.

Chapter 14 : 에필로그 − 혼란과 무질서의 극복을 위하여

참고자료

서적

Ed Strosser "Stupid Wars: A Citizen's Guide to Botched Putsches, Failed Coups, Insane Invasions, and Ridiculous Revolution" 2008

John Toland "The Last 100 Days: The Tumultuous and Controversial Story of the Final Days of World War II in Europe" 2003

Robert Cowley "What If?: The World's Foremost Historians Imagine What Might Have Been" 2000

Ronald H. Spector "At War at Sea: Sailors and Naval Combat in the Twentieth Century" 2001

Stephen E. Ambrose "Citizen Soldiers: The U S Army from the Normandy Beaches to the Bulge to the Surrender of Germany" 1997

Max Boot "War Made New: Weapons, Warriors, and the Making of the Modern World" 2007

William Breuer, "Unexplained Mysteries of World War II" 2008

Web

http://en.wikipedia.org/wiki/Winter_War

http://en.wikipedia.org/wiki/Guadalcanal_Campaign

http://en.wikipedia.org/wiki/Dieppe_Raid

http://en.wikipedia.org/wiki/Operation_Bagration

http://en.wikipedia.org/wiki/Battle_of_Imphal

http://en.wikipedia.org/wiki/Omaha_Beach

http://en.wikipedia.org/wiki/Joseph_Goebbels

http://en.wikipedia.org/wiki/Battle_of_France

http://en.wikipedia.org/wiki/Attack_on_Pearl_Harbor

http://en.wikipedia.org/wiki/Second_Battle_of_El_Alamein

http://en.wikipedia.org/wiki/Operation_Cobra

http://en.wikipedia.org/wiki/Enigma_machine

http://en.wikipedia.org/wiki/101st_Airborne_Division

http://en.wikipedia.org/wiki/Operation_Market_Garden

http://en.wikipedia.org/wiki/List_of_public_corporations_by_market_capitalization

http://en.wikipedia.org/wiki/French_Revolutio

Research 자료

삼성증권 Daily, 2014년 1월 14일

삼성증권 Daily, 2014년 3월 11일

삼성증권 Daily, 2014년 3월 14일

삼성증권 Weekly 2013년 3월 18일

삼성증권 Daily 2014년 4월 1일

삼성증권 Weekly 2013년 6월 24일

삼성증권 리서치 보고서 '삼성전자 4분기 : 추가적이익조정' 황미성,유의형 (2014)

기타

'태평양전쟁' NHK 다큐멘터리